お金の科学

大金持ちになる唯一の方法

ジェームス・スキナー

サンマーク文庫

『お金の科学』及び著者を誉める人々

私がアメリカ合衆国の大統領なら、ジェームス・スキナーを私の上席顧問にするに違いない。

ジャック・キャンフィールド（『こころのチキンスープ』共同著者）

私は三年前ジェームスから幸せなお金持ちになる方法を教わった。その結果グループは、100億円企業になり毎日楽しい人生を送っている。文科省はこの本をお金の教科書と認定するべきである！　そうすれば、日本のGDPは必ず三倍になるだろう！

相川佳之（SBCメディカルグループCEO）

何百万人のインスピレーションになっている。今の金銭的状況はどうであろうと、ジェームスはあなたをさらなる成功に導いてくれるのだ！

シャロン・レクター（『金持ち父さん 貧乏父さん』共同著者）

『お金の科学』は魂を揺さぶる名著である。ビジネスの運営やお金の稼ぎ方に留まらず、内的力を育成する方法も説いてくれている。すべての人にお薦めしたい。

韓 文高（中国経済日報出版社社長）

素晴らしいコンサルタント。顧客を驚かすばかりである。

スティーブン・R・コヴィー（『7つの習慣』著者）

シンプルで具体的。まさにお金のバイブル！ 東北関東を襲った地震で多大なダメージを日本は背負ったが、皆が『お金の科学』を読み、学び、実践したならば、以前にも増して経済は良くなっていくことだろう。

仲田竜一（社会福祉法人幸福義会理事長）

本書を読めば、あなたの世界は二度と元の形に戻ることはない。あなたの考え方も変わり、金運も変わるに違いない！

ブライアン・トレーシー（『ゴール』著者）

ページをめくる度に自分が変わっていくのが分かって、わくわくしながら楽しく読めました。お金もやっぱり心なんですね。

渡辺めぐみ（モデル）

これはすごい。読んでいると、ジェームス・スキナーの声が聞こえてくるような臨場感がある。本人が目の前に座っていて、直接語りかけてもらっているかのような錯覚さえ覚えてしまう。投資やビジネスにおける具体的なノウハウに加えて、経済人としての在り方、社会全体に関する深い理解と洞察が、この一冊に詰まっている。

清水康一朗（ラーニングエッジ株式会社代表取締役社長）

ジェームス・スキナーを超えるビジネスの思想家をほかに知らない。

ロイス・クルーガー(『8つの鍵』著者、フランクリン・コヴィー社創立者)

この本は単なるお金持ちになる方法ではなく、お金の本質を深く抉《えぐ》るような哲学が根幹にある。そしてセールスであれ、マーケティングであれ、ちょっと視点を変える事で大きなビジネスになる事例が随処にあり、成功メソッドのデパートである。

林　正孝(ソニー生命エグゼクティブライフプランナー)

ジェームスは真の天才である。本書は分かりやすく必要な知識を取りまとめている。すべての人が読むべし!

リチャード・タン(サクセス・リソーシズCEO)

究極の人生のバイブル。著者の熱い情熱が活字の一語一語から発せられており、心に響く。ジェームスの人々にすべてを与えようとする、その信念と情熱は私の生きる指針となった。日本を豊かにするこの一冊を心よりお薦め致します。

是久昌信（『情熱思考』著者）

驚くべきエネルギー。世界中の人々を成功に導く原則を教えている。

ハイラム・W・スミス（『TQ』著者、フランクリン・プランナー発案者）

これはお金に関する「聖書」である。この本を何度も読み返せば、お金についてのマインドが変わり、行動が変わり、結果が変わり、気付けばお金の心配がなくなっているだろう。

岩渕龍正（歯科医院地域一番実践会地域一番化マスター）

三十年間に渡り、この分野を研究してきたが、『お金の科学』は新しい発想ばかりだった。短期間で人生とビジネスを変革させる道を示してくれている。成功したいすべての人に推薦しておきたい。

张　巨河（グローバル起業家経済フォーラム副主席）

全世界の人々を助ける輝かしい模範である。

ジョセフ・マクレンドン三世（ピーク・パフォーマンス・コーチ）

本書の指示に100％従うだけで、破産状態の零細企業を200万元の売上に伸ばすことができた。『お金の科学』を読むことは、何よりもの成功の指針になるに違いない。

王　蔚（北京HCH教育コンサルティング社長）

知識だけでなく、利用できるツールを与えてくれる。実行に移す大きなインスピレーションになるだろう。

W・ミッチェル（国際講演家協会会長）

ジェームス・スキナー氏と同じ時代に生きたことを、とても嬉しく思っています。この本を通じて、「お金」の正体を正しく認識し、無限の可能性を持っている自分自身を思い出していただきたいと思っています。きっと美しいお金の循環が生まれ、世界は幸せに向かうと信じています。

鶴岡秀子（ザ・レジェンド・ホテルズ&トラスト株式会社代表取締役CEO）

人はいかに生きるべきかを力強く語りかけてくる。人を幸せにする商売の在り方とは何か。最小の結果のためにも最大の努力を惜しまない立ち位置とは何か。そしてそれらを通して、人の本当の幸せとは何かを見事に示しているのである。ビジネス書というより「ジェームス哲学」と呼ぶに相応《ふさわ》しい。

高野　登（前ザ・リッツ・カールトン日本支社長、人とホスピタリティ研究所代表）

『お金の科学』は、明確で読みやすい。お金について何を信じ、どう行動するのかを考えさせてくれる。

A・ロジャー・メリル（『「夢」が10倍実現する5つの教え』著者）

ジェームスの説く豊かさは、多くの人を魅了しています。本物でなければ、こんなに長続きをするはずがありません。この本には、その秘密が余すところなく書かれています。

大國義弘（医師）

すごいです！　ジェームス・スキナーさんが教える『お金の科学』を学び、面白いくらいにお金を引き寄せることができました。でも、オススメしたいのは、お金のことだけではないのです。器の大きな人間へと成長するコツがふんだんに詰まっています！　主体的に生きようとするすべての方に読んでいただきたい。

佐奈由紀子（株式会社バースデイサイエンス研究所代表取締役）

ジェームス・スキナーはとてつもない天才である。彼の例をみない洞察力が本書の中に輝いている。『お金の科学』を読むことは、あなたの成功にとって必要不可欠である。

グレッグ・リンク（コヴィー・リンク社共同創立者）

ジェームスに初めて会ったのは、二年足らず前でした。この間、私を取り巻く環境は劇的に変化しました。ビジネスで必要なこと、人生で必要なことはすべてジェームスが教えてくれた。

藤井　薫（株式会社大和製作所代表取締役社長）

ジェームス・スキナーがすべての金銭的成功を支配する普遍的な法則を明確にしている。信じられないほど、お金を惹き付けるための知恵を与えてくれる。

デニス・ウェイトリー

（『成功の心理学』著者、元全米オリンピック委員会心理学部会委員長）

ジェームスはお金の天才であり、ジェームスと関わったたくさんの人が億万長者になっています。この本を成功したい方に強くお薦めします。

道幸武久（『加速成功』著者）

金塊だらけ。裕福になりたい人の必読書である。まさに名著！

ウェンディー・クエック（エグゼクティブ・ダイレクション社長）

お金と共に人間的にも成長していく指針である。生きていく原則を分かりやすく表現されている。この原則に則って時間を消化したならば、必然と価値ある有意義な人生が切り開かれるだろう。

中村浩士（競輪選手）

もっと早くこの原則を知りたかったと思う。感謝。大金持ちになんかならなくてもいいと思う人でも本棚に置いておいて時々眺めるといい。その時その時に必要なフレーズが必ず目に入ってくると思う。

泰地祥夫（株式会社ウメタ代表取締役社長）

二千五百年前の智恵をこの本の中に見ました。お金の話もさることながら、生きる力を与えてくれる。「啐啄《そったく》の機」という言葉がありますが、この本に出会えて良かった。

吉野正夫（テレビプロデューサー）

謝辞

時折、自分の光が消えてしまい、他人の輝きによって再び灯される。自分の内なる炎を灯してくれた人たちに深く感謝せずにはいられない。

アルバート・シュバイツアー

本書の中身は、先哲の輝かしい智恵によって照らされている。アイザック・ニュートンと同じように、「もし私が他人よりも物事が鮮明に見えたとするならば、それはほかならない、私は巨人の肩の上に立っていたからである」と、言わざるを得ない。

この度の執筆は、ウォレス・D・ワトルズの文献から大きなインスピレーションを受けている。本書を読みながら、彼の声が頻繁に語りかけてくれるに違いない。

エドウィン・コパードが心理学における「四つの元型」を私のために解き明かし、所々にその影が見える。

ステップ1に登場する宇宙論については、アルバート・アインシュタイン、ワーナー・ハイゼンバーグ、ナポレオン・ヒル、ジェームズ・アレン、ディーパック・チョプラ、新約聖書、ウパニシャッド等の英知に満ちており、我々の理解の眼《まなこ》を開いてくれたことに対して永遠に消えない借りができている。

「プラス知性」の力を初めて教授してくれたのは、合氣道の名人、藤平光一である。

ステップ6に紹介する「億円単位のマスターマインド」に関して、自分のマスターマインド・グループのメンバーに感謝を述べたい。彼らの存在なくして、今の私の生活はあり得ない。

ステップ12に説明される驚くべき営業のプロセスは、史上最強のセールスマンであり、真の友であるトム・ブラックの影響が大きい。

ステップ13に登場するマーケティングに関する私の思想の多くが、マーケティングの鬼才ジェイ・エイブラハムにその源を辿《たど》り、この分野において彼を超える存在は今後とも現れることはないだろう。

ステップ17の「お金持ちの毎月すること」は、ロバート・キヨサキとシャロン・レクター著『金持ち父さん貧乏父さん』からインスピレーションを受けている。富を得ようとするすべての人にとって、有効でありながら、実践する人が少ない素晴らしいアイデアである。

アンソニー・ロビンズがその心の大きさにより、「人生の秘訣《ひけつ》は与えることである」ということを教えてくれた。なお、この概念に対する私の哲学は、アンドリュー・カーネギーの『富の福音』、またヘンリー・フォード、ジョン・D・ロックフェラー、ビル・ゲイツ、およびウォーレン・バフェットの効果的な慈善活動に対する情熱から大きな影響を受けている。

そして、最後に、**科学的マインド**の価値を教えてくれた亡父と、**行動に移された信仰の偉力**を教えてくれた母に感謝を述べたい。

ジェームス・スキナー

お金の科学　目次

第3章　受け取りの法則～お金持ちの行動～

第4章　人生の法則〜お金持ちの生き方〜

第5章　応用の法則～あなたにもできる～

付録

※「お金の科学」「イッツ・マイ・ゼブラ」「四つの元型」「違いをもたらす違い」「Team James」「成功の9ステップ」及び「ジェームス・スキナー」はジェームス・スキナーの登録商標です。

編集協力――株式会社ぷれす
編集――小野佑仁（サンマーク出版）

第1章

始めよう

～誰でも大金持ちになれる～

真実

真実は常に単純さの中に宿り、物事を混乱させる複雑な理論にあるのではない。

アイザック・ニュートン

ヒンズー教の教えによれば、万物はさまざまな形をとる「ひとつの物質」から創造される。そして、その形はいずれも一過性であり、人の意思によって変えられるという。

仏教の教えによれば、大宇宙（外の世界）は小宇宙（内なる世界）を反映しており、また小宇宙は大宇宙を反映しているという。

キリスト教の教えによれば、奇跡は可能であり、自然のプロセス（水をワインに変えたり、病気を癒やしたりすること）を一瞬に縮めることができるという。

イスラム教の教えによれば、無価値の砂の下から信者たちに巨大な富をもたらしてくれるアッラーの神の黒い血（石油の意）を発見することができるという。

錬金術の教えによれば、万物は進化しており、炭素がダイヤモンドになろうとし、鉛が金になろうとする。そして、知識を応用することにより、これらのプロセスを加速させることができるという。

量子力学の教えによれば、我々は「無限の可能性の場」の中に生活しているのだという。

彼らすべてが正しかったのだ！

始めよう！

行ないが伴わない信仰は無意味である。

『聖書』

お金はルールに従う

誰もがお金を望むことだろう。

それは本書を購入した理由であり、また今この文書を読んでいる理由でもある。

お金は便利だ。

お金があれば、食物や衣類、美しい住まいを入手できる。子供のために教育を確保し、両親のために医療サービスも購入できる。また、お金を持つことで、旅をしたり、人生のよいものをすべて経験することができるのだ。

神様は、あなたに裕福であってほしいと望んでおられるし、その富を自らまたは周囲の人々の幸福のために使ってほしいと願っておられる。

今、あなたの手に入れたいと願う富を想像し、それをどのように利用するかも考えてもらいたい。

何を持つのか。
何を楽しむのか。
何を与えるのか。
何を分かち合うのか。

今すぐそれを考え、あなたの手元に来ようとしている富を想像してみてください。

誰もがお金を望んでいる。
しかし、誰もがお金を持っているというわけではない。
ここで実に耳寄りな知らせがある。
あなたは想像を絶するほどのお金を手に入れることができるし、そして、それはさほど難しいことではない。
その理由は簡単だ：お金はルールに従うということである。

お金はルールに従う！

誰もがお金を持っていない理由は、誰もがお金を司《つかさど》るルールを知らない、あるいは、そのルールを知っていても、それに沿って生活していないからである。

お金を支配するルールは、数学や物理学と同じように、ひとつの精密な科学をなしており、それに沿って行動する人はすべて、男女を問わず、確実に裕福になる。
本書の指示に従って行動をすれば、失敗は不可能だ。

失敗は不可能である。

私も初めは貧乏だった。

お金を司る科学について何ひとつ知らなかった。

みすぼらしい小さなアパートに暮らしていた。月末の料金の支払いを済ますためのお金がないから、電気や電話が何回も切られた。水道を止める行政命令まで出されてしまったのだ。

何をするにしても、十分なお金を持っているかどうか、まず自問自答しなければならなかった。そして、ほとんどの場合、答えは「お金が不十分だ」ということになった。

そこで、私はお金のルールを学び始めた。

それを応用して、ファーストクラスで飛行機に乗り、ホテルのスイート・ルームに泊まり、三十一部屋の豪邸に暮らし、毎日外食をし、ロールスロイスのリムジンに乗れるだけのお金が手に入った。

そしてやがては、金銭管理があまりにもうまくできるようになったため、ほかの人が彼らの資金を管理するために、私に何億円ものお金を支払うようになった。

今まで生きたすべての大金持ちは、これらのルールを学び、それに沿って行動してきた。

そして今、それはあなたに与えられようとしている。

あなたが今、どのような境遇にいようとも、それは関係ない。

あなたが貧乏で借金を背負っていれば、これらのルールはあなたにお金をもたらしてくれるだろう。

資本を持っていなければ、これらのルールはあなたの所に必要な資本を引き寄せてくれるだろう。

あなたが今、間違った仕事やビジネスに従事していれば、これらのルールに従うことで、正しい仕事や正しいビジネスに就くことができるようになるだろう。

あなたの今住んでいる場所が、裕福になれるような場所でないとすれば、これらのルールに沿って行動することで、裕福になれる場所に引っ越すことができるようになるだろう。

そして何よりも大切なことに、あなたは今すぐ、この方法を活用し始めることができるのだ！

今すぐ始められる。

本書は実用的なものであり、「何を知り」、「何を考える」かだけでなく、「何をしなければならない」のかを具体的に教えてくれるものである。今すぐお金を手に入れなければならないと切に願う人のために書かれてある。

簡単に応用できるし、簡単に結果が出るものである。

あなたが受け入れようとしているこの偉大な贈り物はあなたを大金持ちにするだろう。と同時に、あなたに計り知れない幸せをもたらしてくれるに違いない。

あなたもできる

無限の英知がお金の法則をひとつの厳密な科学として開示してくれている。そして、ごく平凡な能力を持っている人でも、それを応用すれば、巨大な富を築くことができる。

お金の原則がひとつの科学を構成している。

これらの法則は無数の資産家の背後にあり、あなたの資産形成の土台にもなる。今までも、多くの書物の中に、これらのルールは部分的に紹介されてきた。しかし、本書は、お金の法則すべてを一か所に集めた初めての文献といえる。本書を通して、多くの未公開情報があなたに与えられることになり、あなたの富を得る探求の大きな助けになることだろう。

お金の原則は単純でありながら、有力なものである。

このルールは著者を含み何千名の方々に応用され、短期間において驚くべき富を築き上げるために用いられてきた。

・私の知る三名の男性は、これらのルールを応用し、たったの三年間で8億円ずつ手に入れた。

・年金生活を送る年配の女性は、この知識を使い、二か月間で手持ちの現金560万円を生み出した。

・知り合いの営業マン二人は、本書で説明する手法をありのままに行動に移し、それぞれ1千億円以上の商品とサービスを売り上げた。

・親友のひとりは、これらの原則を応用することで、憧れの仕事に就くことができて、100億円企業の4％の株式を就任ボーナスとして受け取った。

実際のところ、歴史におけるすべての偉大な富が、これらの法則を利用し、本書で紹介する手法を応用することによって築き上げられている。

この信じられないほど貴重な情報が自由にあなたに与えられる。本書を熟読し、その中にある提案を実行に移すだけで、あなたのものになるのだ。

これらのルールは重力や磁力といったほかの**自然の法則**と同じように確実に作用し、まったくそれと同じようにあなたの手元にお金を引き寄せてくれる。そして、偉大な自然の力と同じように、これらのルールを応用すればするほどに、富が集まってくれるスピードが加速する。

リンゴが木から地面を求めて落ちるのと同じように、お金があなたの手元にやって来る。

これらの原則を説明する方法は、私が海岸沿いに自転車をこいでいたとき、**無限の英知**から突然**ダウンロード**された。

あなたに巨大な財産をもたらしてくれるアイデアも、あなたが本書の指示に従うときに、それと同じような方法で与えられるだろう。

本書を読み、それを応用するとき、あなたはストレスから平安に、強制から自由に、恐怖から愛に移ることになる。**無限の可能性**の場の中に立つ、あなたにとって不可能はなし。

ジョージ・バーナード・ショーの崇高な言葉を理解し、自分の人生に取り入れるようになるだろう。

これこそ人生の真の喜びである。自らが偉大と認める目的のために働くことである。世界が自分を幸せにしてくれないと常に文句を言い続ける興奮したわがままと病気の小さな不平の塊ではなく、自然のひとつの力になることである。私が思うには、私の人生がコミュニティー全体のものであり、命があらん限りそれに仕えることは、私の特権である。死ぬときになって、ことごとく使われ果てていたいのだ。なぜなら、働けば働くほど、私は生きるからである。人生は私にとって短い蠟燭《ろうそく》などではない。この瞬間に掲げる素晴らしい松明《たいまつ》であり、次の代にそれを渡すまで、できるだけ明々と燃やし続けたいのである。

この哲学を実行し、応用するとき、あなたは反応から行動へ移り、自然のひとつの力となる。そして、あなたの健康、快楽、創造力、世界への貢献を支えるべく、黄金の硬貨があなたの指先に現れるに違いない。

本書は、その簡単な指示に従い、その要求する仕事を実行に移すすべての人々に繁栄をもたらしてくれる贈り物である。

今度はあなたの番だ。行動し、裕福になるのだ。

仕事は現実化する!

第2章

引き寄せの法則

～お金持ちのマインド～

ステップ1：選択

新たな自由

人生はスカイダイビングと同じである。成功の秘訣《ひけつ》は飛行機の外でないと、知ることはできない。

ピーター・セージ

無限の可能性の場

今までの人生は、どのようなものだったのだろうか。

あなたは大金持ちか、それとも貧困な生活を強いられているか。

幸せを感じているか、それとも悲しみを感じているか。

健康に恵まれているか、それとも病弱な身体に悩まされているか。

自分の選んだ人生を送っているか、それともたまたま与えられた人生を生きているのか。

恐怖に怯《おび》えているのか、それとも愛に包まれているのか。

毎日、ストレスを感じているのか、それとも平安を味わっているのか。

「しなければならない」ことをいつもやっているのか、それとも「したい」ことをやっているのか。

人生は葛藤に満ちているか、それとも夢はさしたる努力もなく、いつも実現されているのか。

量子力学の解き明かすところによれば、我々は「無限の可能性の場」に生活しているという。

本がいっぱい詰まっている図書館を想像してみてください。この図書館はフットボール場数倍分もあり、何階にも分けられている建物である。そして、どこを見ても、とにかく床から天井まで本がぎっしりと積み上げられている。

このそれぞれの本の中には、今の瞬間から始まるあなたの残りの人生の物語が綴《つづ》られている。ある本には、健康、富、幸福の物語が書かれてあるし、別の本には、病気、貧困、悲しみの物語が記されている。

あなたは、そのいずれの本でも、棚から取り出し、その中に記されている物語を生きることができる。そして、その次の瞬間に、また無数の物語のオプションがあなたの前に現れる。

これがあなたの生活の現実である。「無限の可能性の場」なのである。そして、いつでもそれを利用することができるのだ。

無限の可能性の場に生きている。

光あれ

原子を構成する要素のレベルでは、世界のすべてがエネルギーの**振動**によって出来上がっている。音も振動である。光も振動である。物質もまた振動である。これらのすべてが、宇宙に振動する**エネルギー**と**情報**の集大成に過ぎない。

現代物理学の最終的結論は、物的世界は物的なものではないというものである。

エネルギーと情報のすべてが波として、私たちに伝わってくる。

アインシュタインが証明したことには、光の最小単位は一フォトン（光子）または一量子ということである（量子力学はここからその名を取っている）。

電球の中の作用を検証すれば、すぐに理解できるだろう。

エネルギーが蓄積され、一量子の値になると、光として放たれる。さらにエネルギーが溜まってきて、またその次の光子が放たれる。そして、矢継ぎ早にこのプロセスが繰り返される。

この光の粒子が目の網膜に感知され、そこで電気信号に変換される（またもエネルギーと情報である）。そして、その情報が神経を経由して脳に伝えられる。その信号を受けて、脳がひとつのイメージまたは絵を作り上げる。

光は一光子ずつしか伝わらないので、あなたの見ているイメージはすべて、その光の周波数に合わせて、点滅しているということになる（あなたにとって、それが継続しているように見えていてもである）。

この同じ原則は、映画を観るときにも作用している。映画の場合、一秒毎に二十四コマの静止画がスクリーンに映し出される。しかし、私たちにとって、それは動いている動画に見えてしまうのだ。

そこで質問しておきたい。なぜ、この**断続**的な情報がひとつの**継続**したイメージに見えるのだろうか。

その答えは言うまでもなく、**記憶**なのである！

次の情報が届くまでは、前の情報を覚えているということだ。

光についてもそうだし、音についてもそうだし、触覚で感知する物についても同じことがいえる。

記憶を使って、断続的な情報という**カオス**の中から、継続的な**秩序**のある世界を作り出しているというわけだ。

記憶は継続性を作り出す。

そこで疑問が湧いてくる。もし世界が断続的な情報によってできているとすれば、その**隙間**の中で何が起きているのだろうか。

答えは、「無限の可能性の場」がそこに存在しているということである。

そして、そのいずれかの可能性を選択することによって、次の一瞬における現実を決定付けることになる。

この機会に満ちた偉大な図書館は、過去と連続した世界を作り出そうとする記憶のベールによって隠されてはいるが、可能性はいつでもそこにある。

従って、あなたの将来はあなたの過去の延長線上にある必要はない。

あなたの過去は、あなたの将来ではない。

探せば見出す

森の中に一本の木が倒れていたとしよう。しかし、その倒れるのを見る人がいなければ、それでも倒れているといえるだろうか。

現代物理学の**不確定性原理**の不思議な結論は「ノー」というものだ。**思考能力のある生命**に**観察**されるまでは、まだ現実化されない無限の可能性として存在しているだけだ。

現実は私たちの期待に沿って、無限の可能性の場の中から、知性によって創造される。つまり、観察するという行動は、**エネルギー（可能性）**を**質量（経験）**として凝縮させる。

この意味からすれば、あなたは自分の住む世界の**観察者**であると同時に、その**創造主**でもあるのだ。

自分の世界を自分で創り出す。

心の中にあるイメージ、意思、願望を抱くときは、その思いが無限の可能性の場の中に、ある特定の**周波数**で振動し、その思いに合う現実を凝縮させる。

換言すれば、思うものはすべて現実になるというわけだ。


あなたは、無限の可能性を持っている無限の存在である。

あなたは、どのような将来も選ぶことができる。

どのような可能性も創造できる。

どのような夢も実現することができる。


聖書の中に再三再四述べられている言葉がある。

「求めれば、与えられる。探せば、見出す。叩《たた》けば、開かれることを得ん」

あなたの心は、あなたの世界を創り出す。それだけ単純で、明快なことである。

最も深い意味でいえば、無限の可能性の場とは、あなた自身のことであるのだ。

記憶から想像への飛躍

もし、これが真実だとすれば、ひとつ自問自答しなければならない。無限の将来の可能性を秘めた図書館に直面しながらも、なぜ自分の理想としない物語を生き続けるのか。なぜ、貧困、病弱、愛する人たちとの衝突の物語を続けるのか。無限の将来が自分を待ち受けているにもかかわらず、いったいなぜ今までの過去の物語を引きずり込むのか。

その答えはまたも「記憶」である。

記憶にあるものを思い浮かべて、再三再四その同じ姿を作り出す。将来ではなく、過去の中に生きている。

現実は、想像の中に宿る無限の可能性を秘めた断続的な世界であるにもかかわらず、マインドが作り出す継続的な世界（記憶の設ける制限）の罠《わな》に落ちてしまっている。

記憶には制限がある。想像力は無限である。

さて、どのようにすれば、この記憶の牢屋《ろうや》から脱出できるのか。

どうしたら、過去の制限から解放されることができるのか。


しばらくの間、自分の**安心領域**について、考えてみてもらいたい。

何をしているときに安心を感じるだろうか。

何をするときに不安を感じるだろうか。

あなたの安心領域はどこからどこまであるのだろうか。


安心領域は、記憶の中から作り出されるものである。

自分の知っている事柄（最も記憶の多いもの）をやっているとき、安心を感じる。

そして、同じように、未知・未経験の事柄（記憶にないもの）を行なおうとするとき、不安に襲われる。


スカイダイビングに出かけたとしよう。

飛行機の中に座っているとき、安心を感じる。足の下にしっかりとした床がある。これはあなたの慣れ親しんでいる状況といえる。

しかし、飛行機の外はといえば、床がない。それはあなたの経験の範囲を超えている。飛行機の外に行こうと考えただけでも、身震いを覚える。胸騒ぎが起こる。手に冷や汗が出る。飛行機の扉の外に一歩でも足を踏み出してしまえば、人生が終わってしまうように思う。

つまり、安心領域はあなたの過去の世界（制限と限界のある世界）の別名といえる。安心領域は、記憶の中から作り出される。そこにいる限りは、過去の思いを呼び起こし、そしてそのイメージにある問題やトラブルを何回となく同じように繰り返してしまうのだ。

過去において、貧困の中で生活していたら、その貧困の記憶によって、貧困なイメージを心象化し、また貧困な生活を作り出す。

過去において、病弱な身体を持っていたら、身体の細胞の記憶が同じ病状を持った身体を数週間毎に再構築する。

過去において、伴侶と不和に満ちた関係を経験していれば、その不愉快な過去の思い出によって、昨日と同じ喧嘩《けんか》を今日もやり続けるのだ。

もし、成功すると望むならば、その旅の第一歩は自分の安心領域の外（飛行機の外）に出るものでなければならない。

新しい人生を手に入れようと望むならば、それは過去の記憶、失敗、制限の世界ではなく、希望、夢、想像力の世界で現実化しなければならない。

想像力こそが、新しい人生に向けた**量子の飛躍**といえよう！

将来は安心領域の外で作り出される。

不安を感じることに安心せよ！

ここでひとつの考え方をあなたに提案したい。

この考え方があなたの無意識に浸透するにつれて、驚く形であなたの人生を変えるだろう。

あなたは楽に感じるために生まれてきたのではない。

あなたは成長し、進化し、学び、裕福になるために生まれてきたはずである。

人生は必要な教訓しか与えてくれない。今直面している問題やチャレンジがどんなに大きなものにみえていても、それはあなたの利益になるように与えられている。困難の中にこそ将来の成長の種が植えられている。

質問しなければならないことは、その問題があなたに何を教えようとしているか、ということである。なぜならば、その教訓を学ぶ瞬間に、その問題は正午の太陽を浴びる朝露の如《ごと》く、姿を消してしまうからである。

あなたが貧困の中に生活し、金銭的なトラブルに巻き込まれていれば、そこでまだ学んでいない教訓がある。それは何なのか。

あなたがいつも痛みとフラストレーションを感じているのであれば、それはどんな真理を拒んでいるからなのだろうか。

ほとんどの人は、人生を安心領域の中で過ごしているといって差し支えはないだろう。

人はまだ知らない「吉」より、いつも仲良くしている「凶」を好む。

このひとつの偉大な教訓を学ばないがために、ことごとく行き詰まっている。

「最も大きなリスクは、リスクのない生活を送ろうとするリスクだ」ということである。

最も大きなリスクは、リスクのない人生を送ろうとすることだ。

多くの偉人が異口同音に言っている。

「精神的異常とは、同じことをやり続けて違う結果を期待することである」

今までの思いを抱き続け、今までの行動をやり続ければ、今まで得ていた結果を得続けるだけだ。

しかし、それでもほとんどの人はリスクを厭《いと》う。実現できなかったら恥をかくだろうと思い、目標を書き留めようとはしない。果実が実らない恐怖のあまり、仕事をしようともしない。病害や嵐を恐れて、種を蒔《ま》かない。ほとんどの人は、飛行機の外に出ようとしないのだ。

ヘンリー・デイヴィッド・ソローの言葉を借りれば、「一般大衆は、静かな絶望のうちに生活している」。

違う人生を送るときだ。

信仰のうちに生きるときだ。

恐怖(Fear)とは、偽りの情報がまっとうに見えることだ(False Evidence

Appearing Real)。

信仰（Faith）とは、成功するだろうと思い、常に行動し続けることだ（Forever Acting in the Hope of Success）。

すべての偉大な成功は、信仰の結果だといえる。つまり可能性を信じ、失敗を思いやらず、その信念に基づいて行動する結果である。成功は「必ずできる、乗り越える」という、理に適《かな》わない信念を抱き続ける人にやって来るのだ。

突き詰めていうならば、制限や制約は存在しない。あるのは、可能性だけである。

可能性のみが実在するのだ！

山をも動かすべし

・サンダース大佐（ケンタッキーおじさん）は、貧しい年金生活を送っていた。その後、彼はチキンのレシピで何百万ドルも稼いだ。

・マイケル・ジョーダンは、高校のバスケットボール・チームから切られてしまった。一年間の猛練習を経て、翌年からチームに入った。

・アイスクリームコーンは、世界の博覧会でアイスを売るためのカップが切れてしまって困っていたエーブ・ドゥマールによって発明された。必ずアイスを売り続ける方法があるはずだと思い、隣でワッフルを販売していた男に協力を仰いだ。

・オプラ・ウインフリーは、貧困の中で育ち、九歳でレイプされ、十四歳で妊娠した。しかし、大人になってから自分のストーリーを世界の人々と分かち合い、何百万人の女性に希望を持たせることで、世界一の女性資産家となった。

・エリシャ・オーチスは、落下防止装置付きエレベーターを発明したが、危なっかしく見えて、「誰も乗りっこないよ」と皆に言われた。そこで自らエレベーターに乗り、ビルの三階まで上ったうえ、手斧《ておの》でケーブルを切って見せた。そのおかげで、世界中に高層ビルが誕生し、我々はその恩恵にあずかっている。

・タイガー・ウッズは子供の頃に人種差別に遭い、多くのゴルフ場でプレーすることを拒まれた。彼は史上最強のゴルファーになった。

・第二次世界大戦のとき、日本は灰と化した。そこから立ち上がった国民は、「追いつけ、追い越せ！」というスローガンを打ち出し、まったくのゼロから世界二位の経済大国を築き上げた。

・ガンジーは、白い腰布一枚でイギリス帝国と対決した。そして、断食と祈りの力で、インドの自由を勝ち取った。

理に適っていない人たちが世界を支配するのだ。

信仰は山をも動かす。それによってすべてのことが可能になる。

イエス様の言葉を借りよう。

「辛子種のような信仰さえ持っていれば、彼方にある山に向かって、〝その場から動きなさい〟と言えば、つまり山はそこから動くべし」

飛行機の外に出ることは、理に適わない行動である。しかし、そうすることによって、オリンピックの体操選手以上の自由を手に入れる。四回転宙返りは、何の苦もなくできることだろう。あなたは自由落下をしている。そして、あなたの夢を叶《かな》えるように、山も低くされ、曲がった道は真っ直ぐにされるに違いない。

成長こそ裕福への道

あなたは今、どのような突拍子もない、理に適っていない目標を持っているだろうか。

本当は何が欲しいのか。

何が可能だろうかとか、何を実現できると思うかではなくて、心の奥底で何が欲しいのか、何を望んでいるのかである。

安心することに対して不安を抱き、不安を感じることについて安心をしてもらいたい。

そして、この思いがあなたの心の中に定着し、安心できる思いになればなるほど、あなたの安心領域は不安領域と化す。そして、気が付かないうちに、記憶ではなく想像から、恐怖ではなく愛、強制ではなく自由、制限と制約ではなく可能性から、新たな安心領域が芽生えてきていることに驚くことだろう。

安心したり、楽を感じたりすることとは、成長が止まっていることの証である。不安を感じたり、居心地が悪かったりすることが、早く成長しているということだ。

そして、成長に伴い、すべてのことが可能になる。

不安に対して安心を感じれば、楽に成功するだろう。

1952年にエドモンド・ヒラリーはエベレストの登頂に失敗した（そのとき、

登頂成功者はまだいなかった)。そこで、彼は山の頂上を指して、叫んだ。

「今回はお前の勝ちだ。だが、次回は俺が勝つに違いない。お前はできるところまで成長した。しかし、俺の成長に終わりはないのだ」

その翌年、彼は相棒のテンジン・ノルゲイと一緒に山の頂上に立った。自分の夢を実現したのである。

あなたも、自分の目指すエベレストを登頂できる。

人生におけるすべての問題を解決する秘訣は、その問題が無意味になるくらいのレベルで行動することである。

ドナルド・トランプは、あるとき700億円の個人借金を背負った。そのとき、彼の口から出た言葉は、「もっと大きなディールを決めなければならない」というものだった。

あなたの人生そのものをもっと大きなディール（事柄・出来事の意）にせよ。

でっかく行動せよ。

理に適っていないレベルで実行せよ。

理由もなく、自分の成功を信じよう。

信仰を持とう。


人生は選択だ。

精一杯やるのか、最低限の努力で済まそうとするのかの選択である。

腰抜けで、諦めてしまうのか、自分の人生を他人に対するインスピレーションと勇気になる傑作に仕上げるのかの選択である。


ウォールデンの池のほとりで独居生活を試み、『森の生活』を書いたソローは自分の実験について次のように述べた。

私が森に入ったのは、志を持って生活し、人生の基礎とだけ向き合うことで、人生が教えてくれる教訓を学べないものかどうかを試したかったからである。そしてそうすることにより、死ぬときになって「まだ生きていなかった」と感じるような悲惨な最期を避けたいと思った。人生はあまりにも貴重なものである。


あなたは裕福になれる。しかし、今までの行動だけではなれない。

あなたは裕福になれる。しかし、恐怖の中ではなれない。

あなたは裕福になれる。しかし、安心領域の中にいながらはなれない。

人生はスカイダイビングと同じである。恐怖を感じるのは、飛行機の中に留まるときだけである。

飛び出してしまった瞬間、恐怖が去り、信仰によって生きるようになる。


人生は飛行機の外、無限の可能性の場において生きるものである。

ステップ2：感謝

王様より富める者

集中するものは拡張する。

出典不明

四つの宝

ここでひとつ申し上げよう。

あなたは、歴史を刻んだすべての王様よりも裕福である。

これは驚くべき発言なのだろう。しかし、事実でもある。

あなたには、四つの偉大な宝が与えられている。

歴史の中で、この四つの宝すべてを所有した王様、女王様は、ひとりもいないが、あなたはそのすべてを持っている。

この四つの宝を所有しているということは、あなたがすでに想像を絶するほどの大富豪だということである。と同時に、これらの宝はあなたの将来の財産形成の土台にもなる。

この旅を始めるに当たって、この宝の存在を認識し、それに対して感謝をしなければならない。これこそが、あなたの無限の成功の根源だからである。

感謝は無限の成功の根源である。

集中するものは、拡張する。

これは自然の法則である。

すでに持っているものに集中していれば、持っているものが増える。

持っていないものに集中していれば、益々多くのものがあなたの手から逃れる。

イエス様の言葉の通り、

「持っている者は、さらに与えられる。しかし、持っていない者からは、その持っていないものまで奪われてしまうであろう」。

私の親友ピーター・セージは、人生を一組のトランプに喩《たと》えている。生まれたとき、あなたの手元に数枚のカードが渡され、そのカードを使って、人生というゲームをやらなければならない。

最初の一枚のカードは、あなたの**誕生したとき**である。

人類の歴史を振り返ってみてください。

石器時代から現代に至るまで幾多の世代があり、そのいずれかにあなたは生まれることになる。そして、この何千枚のカードの中から、あなたはダイヤモンドのエースを引いて、現代に生まれた。

この現代ほど、多くの可能性を提供してくれる時代は未だかつてない。

携帯電話を手に握り、世界中の人と喋《しゃべ》ることができる。

世界経済が70兆ドルにも上り、そのほとんどが自由経済に参加するすべての人にアクセス可能なものになっている。

考え得るありとあらゆる商品やサービスの市場がある。

あなたが持つ特有の才能はどうであれ、それを全世界の顧客に対して売ることができる。

今ほどの可能性を持った時代は、過去にない。

そして、あなたにはこの素晴らしいカードが配られている。


二枚目のカードは**知識**である。

あなたは字が読める。

この賜物ほど貴重なものはない。

図書館に行ったり、インターネットに接続したりすることで、人類が蓄積したすべての知識にアクセスできる。

今現在、人間に知られているすべてのこと、また過去に知られたすべてのことは、あなたにも知られ得る。

富は知識の産物である。

そして、無限の知識にアクセスできるということは、無限の富を入手できるということを意味している。

歴史に生きたほとんどの人、そして現在生きている人のうち約八億人は非識字者である。

あなたは、二枚目のエースを引いた。

三枚目のカードは**公共財産**である。

あなたは、信じられないほどの公共財産の相続人である。

道路、空港、図書館、電話網、インターネット、電力発電所、郵便局、水道、下水道などが出来上がっている。そして、そのすべてを、あなたは自由に、あるいはわずかな使用料で利用できるようになっている。

歴史上、著名な王でも、これほどの財産を持った人はいない。

これは、あなたの三枚目のエースだ。

四枚目のカードは**無限の機会**である。

あなたはこの本を読んでいれば、**自由資本主義経済**の国に生活していることだろう。あるいはそうでなくても、そういう国に引っ越すことができる。

従って、あなたは自由に商品やサービスを開発し、他人にそれを売ることができる。自分の職業を選べる。一所懸命に働くか、あるいはそうしないのかも自分で決められる。そして、何より自分の労働の果実を自分の好きな方法で楽しめるというわけだ。

その上あなたは、富への道を示してくれるこの本を手に入れることができた。

無限の機会を持っている！

エースはすべてあなたの掌中にある。

自分のもらったカードで最大の人生を生きよう。素晴らしいカードを持っているのだから。

よいものに集中しよう

多くの人は、文句を言ったり、弱音を吐いたり、わめいたり、批判したり、周囲のあら探しをしながら、生活している。

しかし、そうすればそうするほど、状況はさらに悪化し、文句を言うべき事実が増える一方である。

集中するものは、必ず拡張する。

成功と富は、想像の世界で作られるものである。しかし、どんなに今日の仕事と明日の夢に集中しようとしても、過去を振り返ることも必ずあることだろう。

感謝をするということは、過去のよいものを認識することである。

今までよかったことに対して感謝を述べることにより、自分の経験における美しいもの、感動したもの、素晴らしいものに集中し、それを拡張させることができる。

感謝するためにはまずよいもの、自分にとって喜ばしいもの、心を鼓舞するものを探さなければならない。そして、それを探せば探すほど、それは大きくなるのだ。

まず、人生からもらったカードに感謝しよう。素晴らしいカードをもらっているのだから。

もちろん、自分の過去において、不愉快な出来事もあろう。しかし、その過去を引きずって、悲しがったり、後悔したり、不憫《ふびん》を感じたりし続けることは何の足しにもならない。かえって、それについて考えたり、集中したりすればするほどに、そのエネルギーが増し、その過去の出来事があなたの人生をコントロールするようになるだけだ。


あなたは機会に満ちた世界に生きている。

あなたは生きている。

現世は、あなたのために用意され、幸せと成功をもたらすのに必要なすべてが与えられている。

毎朝、太陽が昇る。空気と水がある。食べ物がある。愛。自由。平和。身体。五感。

自分の恵みを数えてみよう。そのひとつひとつに感謝しよう。感謝が心と魂の中に膨らんでくるのを感じよう。

恵みを数えてみよう。

主君が語れり

感謝は王の証である。

王様、女王様は自分で何ひとつできない。王様は自らの靴紐《くつひも》さえ結ぶことができない。

従って、主権のエネルギーは認識するエネルギーになる。王国の成功に貢献するすべてのものに感謝するものであるのだ。

偉大な音楽家エドウィン・コパードが次のように述べた。

「人は王様を見たくない。王様から見てもらいたいのだ」

主君から一瞬でも認めてもらうために、人は昼も夜も働き、最終的に命さえ投げ捨てる。

ナポレオンの軍隊は歴史上最も多くの勲章を与えられた。ナポレオンはなりふり構わず、メダルや表彰を与えた。そして、そのために、兵士は彼を愛した。

賞賛を惜しまないようにしよう。
誉め言葉を乱用しよう。
行き過ぎた感謝をしよう。

度を過ぎた感謝をしよう。

ここでの鍵は、忘れられている人たちを思い起こすことである。すべての大業は、多くの人の手によって支えられている。その全員に感謝を述べよう。

結婚式において、祝辞を述べるように求められたら、小賢《こざか》しい言葉を考える必要はない。立ち上がって、感謝を述べればいい。それで足りる。

招待にあずかったこと、新郎新婦を育ててくれた家族の皆様、彼らをいつもサポートしてくれる友だちや職場の同僚たちに感謝しよう。しかし、そこで止まる必要はない。宴会を成功させるために熱心に働くホテルの従業員にも感謝しよう。参加できるように、支えてくれた自分の家族にも感謝しよう。そして、最後は、この世界における愛の美しさを見せてくれた新郎新婦本人たちにも感謝しよう。

そのように述べて、座ればいい。

職場では、その建物を清掃する人たち、夜遅くまで働く従業員、仕事が成功するように高品質な部品を期限に合わせて納品してくれる仕入れ先に感謝しよう。

今日の昼食という単純な出来事のようにみえるものについて考えてみよう。何人の人がそれに関わっているだろうか。何人の人が貢献しているだろうか。農家がその食物を育てた。彼らはトラクター、刈取機、脱穀機、スプリンクラーなどの機械を使用している。誰かがその機械を製造しなければならなかった。誰かが設計した。誰かがそれを販売した。別の人たちがその機械を製作するための金属を精製し、その原鉱を掘り起こすために地面の奥深くに労した人たちもいる。機械の設計に、コンピューターが利用された。それも、設計し、製造した人たちがいる。

機械、肥料、種、その他農業で使用されるものは、全世界から船、飛行機、トラックなどで運搬された。別の船、飛行機、トラックがその農作物を市場まで運んだ。運転手、パイロット、メカニック、港長、港湾労働者などがいた。

食べ物のパッケージを作るために紙が使用された。パルプを作るための材木を育てる人が必要だった。パッケージのラベルは印刷業者によって製作された。別の人たちが、その印刷機やインクを製造した。

食べ物を購入するスーパーマーケットを建築してくれた人もいれば、その大工たちが使用する金槌《かなづち》、のこぎり、ドリル、水準器などを作る人もいる。スーパーマーケットを運営する人たちもいる。

食べ物を料理するために、炊飯器、ガスコンロ、ミキサーなどを使用していることだろう。料理するためのエネルギーも必要だった。電力発電所、油田の掘削装置や油井やぐら、そのエネルギーをあなたの家まで運ぶ流通経路もある。

食べ終わったら、他人がそのゴミを処理工場や埋立地などに運んでくれる。

最終的に、普通の工業化社会、情報化社会に生活していれば、今日の昼食を用意してくれるために、百万人以上の人が貢献している。そして、あなたは一時間足らずの労働対価でそれを食べているのだ！

感謝するときなのではないだろうか。

忘れられている人たちを思いみよう！

成功はひとりで手に入れられるものではないことを覚えるようにすれば、万物があなたの成功を後押ししてくれることだろう。

あなたのすべての希望が叶えられ、すべての望みが与えられるということにまず感謝しよう。

これから与えられようとしているものは、すでに与えられているものとして感謝しよう。そうすれば、それは確実に与えられることになるだろう。

想像の世界で所有しているものについて感謝する信仰を持とう。そうすれば、それは自分の掌中に所有するに違いない。

裕福になろうと思ったら、感謝せよ。

ステップ3：豊かさ

創造マインド

欠乏マインドを持っている人は、すべてのものをWin-Lose（勝ち負け）で見がちである。すべてのものに限りがある。ほかの人がそれを手に入れてしまえば、自分の持てるものは、その分減る。しかし、原則中心になればなるほど、豊かさマインドを持つようになる。真心から他人の成功、幸せ、目標達成、社会的認知、幸運を喜ぶようになる。つまり相手の成功は、自分の人生から何かを差し引くものではなく、自らをさらに豊かにするものだと考えるのだ。

スティーブン・R・コヴィー博士
『7つの習慣』

お金を作る！

富の獲得は**競争マインド**に基づくものではなく、**創造マインド**によってなされるものである。

競争マインドは、決して富を誕生させることはない。

競争マインドは、創造マインドによってすでに作り出された富をより多く自分のために奪い取ることしかできない。

だからこそ「Making Money＝お金作り」と呼ばれる。

大金持ちになろうと望むならば、あなたはお金を作らなければならない。新しい価値を作り出さなければならないのだ。

最も大きな財産は、今まで何もなかった所に、新しい商品、サービス、市場を作り出す人が得られるものである。

泥棒はお金を奪うことはできるが、お金を作り出すことはない。

あなたは偉大な富を作り出す。

他人の持つ富を奪うのではない。

競争マインドによって手に入れた富は身に付かない。

このような方法で得られた富は、魂に満足を与えることもない。

そして、水がざるからこぼれるように、あなたの掌中から逃げ出す。


富は競争マインドではなく、豊かさマインドによって作られる。

真の富は必ず新しい富である。
ゼロ・サム・ゲームではない。

二人の男性がいるとしよう。そのひとりは1億円を持っている。もうひとりは、何も持っていない。合わせれば、1億円を持っていることになる。

しかし、お金を持っていない人は、創造マインドの原則に沿って行動している。彼は大工の技を持っていて、美しい一軒家を建てる。そして、もうひとりの男性に1億円でそれを売り渡す。

さあ、今二人合わせればいくらのお金を持っているのだろうか。

答えは2億円である！

ひとりは1億円の現金を持ち、もうひとりは1億円の家屋を持っている。つまり、二人の持っているお金が倍になったのである。

まさにお金を作っているのだ！

お金を作るときに、お金の合計額が増える。

豊かさマインドの原点

我々の住んでいるこの宇宙は無限であり、**普遍の物質**は無数の形に再組織化できるから、自分の欲しいものを手に入れるために、他人からそれを奪う必要性はまったくない。

無限の英知はあなたのために偉大な富を用意してくれるが、あなたのためにそれを他人から奪うことはしない。**無限**というのはすべてのものの増加を望んでいるからである。

あなたの手に入れられる富には、まったくもって欠如はない。あなたの得られる、また作り出せるお金に限界はない。

富は、人間のニーズとウォンツによってしか制限されない。そして、人間は成長し、自分の状況を改善させる無限の欲望を持っているから、それに合わせてお金の供給も無限になる。

目に見える富の量はほぼ無限大ともいえるほどであり、世界経済は今、年間70兆ドルにも上る。

しかし、目に見えない富はまさに無限そのもの。つまり、創造マインドの力を駆使し、普遍の物質を人間の役に立つ形に変えることで、いつでもさらなるお金を作り出すことができるのだ。

自分の欲しいものを手に入れるために、他人のものを貪ったり、望んだり、求めたりする必要はない。あなたは自分の心の望みに任せて同等なものあるいはそれ以上のものを手にすることができる。

お金を得る科学的方法を活用するとき、すべての人がより多くを持つようになる形で、自分の欲しいものを手に入れることになる。

創造マインドを活かし、億万長者になる人が多くなればなるほどに、さらに多くの人がその足跡を追いながら裕福になる。

新しい産業を生み出す人は、多くの人が上れる梯子《はしご》をその後ろに残すだろう。


この豊かさを自分の生活において確保するためには、競争の思いをすべて心から追放しなければならない。

今すぐに、人を支配したいという欲望を捨てなければならない。

他人を超えようとする思いも放棄しなければならない。

その代わり、自分の望むものを明確にし、その心のビジョンを現実の世界において作り出すということに集中すればいいのだ。

競争の思いをすべて捨てよう!

競合から協力へ

この話を聞いて、最初は抗議する気持ちが湧き起こるかもしれない。

「成功するために競争に勝たなければならないじゃないか。うちの業界は弱肉強食だ。競争するか、死ぬかだ」

しかし、このような思いを持つことは、その信念に沿った競争の現実をあなたの生活に引き寄せるだけである。


競争を信じることは、自分の生活に競争を引き寄せる。


その代わりに、協力を信じるようにすれば、まったく異なった現実があなたの周りに湧き起こる。

たとえば、自分の業界のステータスを高めるために、競合他社と協力することができる。これは創造マインドの自然の結果といえよう。

プロスポーツについてしばらく考えてみよう。

二つのフットボール・チームがあるとすれば、グランドに出ると激しく競争し、勝った方はより大きな酬《むく》いを受け取ることだろう。

しかし、ファンがいなければ、どちらのチームにも酬いはない。

チケットを売る上で、双方のチームは協力しなければならない。テレビ局に放映権を売る上で、協力しなければならない。フットボールというゲームを面白くするルールを作らなければならない。次世代の若者にフットボールの人気が出るように協力しなければならない。

史上最強のクオーターバック、スティーブ・ヤングは次のように言っている。

「ゲームが終了すると、必ず相手のチームの所に行き、素晴らしい競争相手でいてくれたことに感謝を述べるようにしている。私がフットボールをやっているのは、ひとりの人間として成長するためであり、相手が偉大でなければ、私も偉大にはなれない。まさにＷｉｎ－Ｗｉｎなのだ」

彼が偉大な選手になったのは、相手を叩きのめす競争マインドではなく、自らを成長させる創造マインドで取り組んでいたからである。

創造の態度を持っている時間を多くすればするほど、あなたの所により多くの富が引き寄せられるに違いない。

創造力と協力が富を生み出す。

新しい次元の価値

多くの人を裕福にし、自分の関わる産業を改革させるまったく新しい次元の価値を作り出すこともできる。

現在、航空産業が悲惨な状態になっている。ほとんどの航空会社は、顧客のために新しい価値を生み出し、利益を確保する無限の機会をもたらしてくれる「創造マインド」ではなく、「競争マインド」ばかりに捕われている。そのため、大きな財政トラブルに巻き込まれている。

今の航空会社は航路、価格、エンターテインメント・システム、マイレージ・プログラム、食事、そして座席の形で競争している。

しかし、車を駐車してくれる航空会社はひとつもない！

食事のアップグレードをするためにお金を受け取ってくれる航空会社はひとつもない！

特別なニーズを持つ乗客のために、医師または看護師を用意してくれる航空会社はひとつもない！

飛行機を予約したときに、合わせて目的地におけるホテルの予約、またはリムジンの手配をしてくれる航空会社はひとつもない！

搭乗口まで手荷物を運んでくれるベルボーイを用意してくれる航空会社はひとつもない！

定期便で間に合わないときに、プライベート・ジェットを提案してくれる航空会社はひとつもない！

人間のウォンツは無限大であり、従って、作り出せる価値も無限大である。

創造マインドは富を得る無限の機会を作り出してくれる。しかし、競争の次元に残っていれば、これらの機会はあなたの前には現れない。

新たに作り出す

競争相手について考える必要はない。

新しい価値を作り出すことを考えていればいいのだ。

他人があなたの望むものを先に奪うことについて思い煩う必要もない。供給は無限であり、豊かである。

あなたの望んでいる土地が他人の手に渡れば、天地宇宙はよりよい場所を用意してくれる。

あなたの欲しい美術品が先に他人のものになれば、芸術家たちはあなたの目を楽しませる、より素晴らしい作品を作ってくれる。

伴侶として求めている相手が他人と結ばれれば、より大きな愛と情熱を分かち合える人の所にあなたは導かれる。

我々は無限の可能性の場に立っており、奪われるものは何もないのだ。

他人の所有するものを求める必要はない。無限の普遍的な物質から、あなたの望む形を創造させるだけである。

何もあなたから奪われない。

ステップ4：プラスの知性

プラスの力

エモーションはモーションからくる！

アンソニー・ロビンズ

初めに言葉があった。言葉は神とともにあった。言葉は神であった。すべてのものはこれによってできた。できたもののうち、これによらないものはひとつもなかった。

『聖書』

人は自分の心に決めるだけ幸せを感じるのだ。

エイブラハム・リンカーン

マイナスの現実に効く万能薬

唯一、マイナスを消せるのはプラスだけである。
マイナスの現実に直面していれば、マイナスの態度は解決にはならない。
マイナスの言葉も解決にはならない。
マイナスの方法で身体を使ってみても解決にはならない。
マイナスを消せるのはプラスだけだ。
貧困の唯一の解決は、富である。
病気の唯一の解決は、健康である。
憎しみの唯一の解決は、愛である。

成功する人は、プラスの人たちだ。
プラスのおかげで成功しているのであって、成功のおかげでプラスになっているのではない。

詩人フレデリック・ラングブリッジの言葉を引用しよう。

「二人の人は同じ牢屋の格子窓から外を眺める。ひとりは泥を見る。もうひとりは星を見る」

すべての成功者は、この**プラス知性**の力を駆使し、人生の時折起こるマイナスの状況を乗り越えるようにしている。

このプラス知性の力こそが、貧困の牢屋を脱出させてくれる。

このプラス知性の力こそが、喜びと幸せに満ちた人生を実現させてくれる。

このプラス知性の力こそが、あなたを裕福にする。

あまりにも多くの人が、マイナスの現実にマイナスの態度で対応し、いつも行き詰まっている。

マイナスの現状にマイナスの態度を足すと、マイナスの将来が生まれるだけである。だが、マイナスの現状にプラスの態度を足すと、素晴らしい将来があなたを待ち受けることになるだろう。

マイナスの現実からあなたを解き放つ唯一の力は、プラスの物の見方である。

内なる力

自信とは自らを信じることであり、正しい**自己イメージ**を持つことである。

自分の示す自信によって、周りの世界のあなたに対する反応も決まってくる。

自信を示すことは、さらなる自信に結びつく。

これはまさに上向きの成功のスパイラルなのである。

若い高校生の男子がダンス・パーティーに行くとき、拒否されることを恐れ、「一緒に踊ろう」と女性の方に声をかけられない。手に汗が湧いてくる。自分には魅力がないと思い込む。恥をかきたくないと考える。

しかし、その恐怖を乗り越えて、自信を持って声をかければ、恐怖に負けて行動ができなかった人たちと明らかな差が付く。

自信を持ち、自信に満ちた行動を取る人は、成功を引き寄せ、魔法に満ちた人生を送る上で、かなり得といえる。

自信について理解してもらいたいことは、自信は外からくるものではないということだ。

自信は内面からくるものである。

成功しない人の多くは、終始外の何か、あるいは誰かが自分自身を肯定してくれることを待っている。そうすれば、自らに対してもいい気持ちが持てると思うのだろう。

しかし、そうはならない。

自信はあなたの中からくるものであるのだ。

それは自己イメージに過ぎず、プラス知性を働かすことにより、いつでも手に入れることができる。

自信とプラスのマインドは内面からくるものである。

身体を極める

プラス知性を引き出す最初の方法は、**身体をプラスに使う**ことである。

身体は無限の力を持つ無限の英知であり、いつでもその力を活かすことができるだろう。

今すぐ、身体をプラスに使ってみよう。

顔を上げて、背筋を真っ直ぐにし、深呼吸をし、人と目を合わせて、力強く握手する。

いつでも、どこでもできることだ。

身体をどのように使うかは自分で決めるものであり、状況、環境、他人の行動と一切関係がない。

新しいプロジェクトに着手したり、また新しいスキルを体得しようとするとき、その活動をすでにマスターしている自分の姿を想像してみてほしい。

その分野で成功している人のように立つ。あなたの想像するその人のように呼吸する。自分の目指す達人の表情を浮かべてみる。

完全に自分のものになるまで練習しよう。

エモーションは身体の中から発生するものである。だからこそ、そこからスタートしなければならない。


鬱病の人や、落ち込んでいる人を見かけたことはあるだろうか。

頭が垂れる。肩が落ちる。背中を丸める。呼吸が浅くなる。顔の筋肉が弛《ゆる》む。だから落ち込んでいるのだ。

鬱になるのではなく、鬱をするというわけだ！


感情はなるものではない。するものなのだ！

アンソニー・ロビンズの言葉を借りて言うならば、**「エモーションはモーションからくる」**。

鬱病というのは、最も破壊的な身体の使い方を習慣化した人を指す言葉であり、その身体の使い方のパターンを変え、より建設的な動きを確立させることにより治療できる。

鬱病に病む人と同じ身体の使い方をしている営業マンを想像してみてください。どのくらい売れるだろうか。

その身体の使い方をしている会社の経営者はどうだろうか。従業員はその会社の将来に対してどのような気持ちを抱くのだろうか。

背筋を伸ばして、真っ直ぐに立つ。
上を見る。
深呼吸をする。
素早く動く。
しっかりと人の手を取って握手をする。
尊敬を持って、深く丁寧にお辞儀をする。
早歩きをする。

笑顔を浮かべる。

自分の身体の使い方を少しだけ変えることは、エモーションを劇的に変化させ、新たな知性を引き出し、お金を引き寄せる力をあなたに与えてくれる。

誰にも止められない身体の使い方をすれば、お金は止めようがなく、あなたの所に流れ込むのだ。

力強い身体の使い方をする人に向かって、お金は力強く流れる。

富語り

プラスの知性が持つ偉大な力を引き出す次のステップは、**プラスの言語を使う**習慣を身に付けることである。

母が教えてくれた常識はこれだった。

「いいことが言えなければ、何も言わない方がいい」。

ある会社の社長は、面白い悩みを抱えていた。毎日、朝から晩まで、問題にばかり襲われていた。

従業員やマネージャーが彼の事務所に入ってきて言う。

「問題があります！　今月の売上が落ちています」

「問題があります！　大切な従業員が辞表を提出してきました」

「問題があります！　大きな取引先がクレームを出しています」

「問題があります……」

これはごく自然なことである。なぜならば、問題は上に浮くし、最後はトップの机に来るようになっているからである。悪事千里を走るというわけだ。それに対して、いい知らせは滅多に伝わってこない。

いつの間にか、この社長は落ち込み、朝起きて会社に行くと考えるだけで憂鬱になってしまうようになった。

そこで、この社長は「プラス言語」の力を発見し、ひとつだけ変えることにした。

従業員に通知を出し、社長室で「問題」という言葉を使用することを禁止した。社長室で「問題」という言葉を口にする従業員は即解雇するというのである。

従業員は反発した。

「だって問題が多いじゃありませんか。それについて話し合わないといけません し。いったい何と呼べばいいのですか」

社長は答えた。

「仕事と呼べ」

「仕事」はプラスの言葉である。辞書によれば「仕事とは目的または結果を追求するための肉体的・知的活動である。また特にお金を稼ぐ目的でそうした活動を行なうときに用いる」という。

それに対して、「問題」というのは「乗り越えなければならないマイナスな状況」をいう。

従業員たちはしばらく考えてから、社長の言うことが正しいと分かった。すべてが仕事に過ぎない。

顧客のクレームは、商品開発の仕事、または顧客に対するフォローの仕事に過ぎない。

売上の減少は、さらなる営業またはマーケティングの仕事に過ぎない。鍵になる従業員の退職は、リクルーティングの仕事に過ぎない。

すべてがそうである。

従業員は、毎日社長室に来て、言い出す。

「社長、営業の仕事が発生しています……」

「知らせてくれてありがとう。だからこそ、あなたを雇ったのだ。その営業の仕事の結果をまた報告してください」

九十日間経ったとき、社長は毎日午後四時半に帰宅できるようになっていた。問題はすべてなくなっていた。プラスの態度で仕事に取り組んでいる従業員がいただけである。

仕事はお金を稼ぐ目的で行なう肉体的・知的活動のことである！

日本で、高速道路の入り口に「事故多発」という看板がよく見受けられる。何とばかげた税金の無駄遣いなのだろう。その言葉を理解するためには、事故を想像しなければならない。高速道路に入る運転手に絶対に思い浮かべてほしくないイメージである。この看板は「安全運転」に変えるべきである。

人に「お元気ですか」と訊《き》かれれば、「まあまあ」の代わりに「最高です」と答えてみてください。

言葉がプラスになればなるほどに、人生の経験もプラスに転じる。

「できたら」というような弱い言葉の代わりに、「やったときに」という強い言葉を使う。

自分の**確信を示す声**も使う。

自信が欲しければ、自信のある表現をする。

その音はあなたの脳において自信の気持ちを引き起こす。

そして、ほかの人にもあなたを信じる気持ちを抱かせるだろう。

プラスの言語は、プラスの知性の最も確実な証である。なぜなら、プラスの言葉を使用するためには、**自覚**を持たなければならないからである。自分の今使っている言葉を自分で聞き、それは自分自身や周囲の人たちにどのような影響を与えているのかを意識しなければならない。

自分の言葉を自分で聞く。

どのような状況下でも、自分自身をプラスの状態にするために使える四つの語句を提案しよう。

「やります」
「面白い」
「大好き、愛している」
「感謝している」

プラスの**行動**を取ることは、どのような状況に直面していても適切である。
あらゆる状況に対して**好奇心**を持ち、その状況を研究することも適切である。
愛することは、いつでも適切である。
感謝することは、どのような状況においても適切である。

問題が起きたとき、あなたは言う。
「この問題は面白い。こういう大きなチャレンジが大好きだ。この機会に心から感謝したい。とにかくやります！」
違う人生が開かれてくるのではないだろうか。

やります。面白い。愛している。感謝している。

この新しい力を駆使する最も大切な領域は、自分のアイデンティティを確立するということだ。
自分をけなしたり、また自らを見下すようなことを絶対に言ってはならない。

「私は凡人だ」とか、「私はどうでもいい」といった言葉を口にすることは、運命の破壊以外の何ものでもない。

自分のアイデンティティを大きくしよう。

多くのアイデンティティを持ってみてもいいし、突拍子もないものにしても構わない。

・私の親友ピーター・セージは自分のことを「遊び心のある情熱の王子」と呼んでいる。

・金融業に勤める営業マンは自分のことを「金融界のドン」と呼ぶようになり、次の一年間で600億円の金融商品を売り上げた。

プラスの言葉は、想像を絶する**プラスの結果**をもたらすのだ。

他人との関係において、同じことがいえる。

誰しも自分のいいところを見てくれる人に魅力を感じる。
周囲の人の尊敬するところ、誉めるべきところを探し出し、それを言葉にする。

「いつも素晴らしい人間関係を作りますね。本当に尊敬します」
「美しいドレスだわ」
「面白いアイデアですね」

どんなに批判しても、人を変えることにはならないが、誉められると、最も萎《しお》れた花でさえ咲いてくれるはずである。

誉め言葉は、最も萎れた花を咲かせる水である。

言葉は魂を映し出す鏡であり、卑劣な言葉で裕福になる人はいない。
言葉において完璧でいよう。豊かに人を誉めよう。いつも楽観的な展望を持とう。そうすれば、水は海を求めるが如く、富はあなたの手元に流れ込むに違いない。

使う言葉は、将来を表す。

思う意味は本当の意味

プラスの知性を使う最後の領域は、人生の**出来事**をどう**解釈**するかだ。

英語には「Every cloud has a silver lining（すべての雲に銀の縁がある）」という諺《ことわざ》がある。しかし、ほとんどの人は雨しか見えない。

自分の人生の出来事をすべて自分の好きなように解釈することができる。そして、プラスの解釈を選ぶならば、「無限の英知」は、すべてあなたの善になるように仕向けてくれるだろう。

仕事から解雇されたならば、辞表を書く手間は省けるし、新しいビジネスを自由に始められる。

恋人に振られたならば、より魅力的な人が現れようとしている。

愛する人が亡くなったのであれば、その人はよりよい場所に行き、あなたの素晴らしい人生の報告を後で聞いてくれると思うのも自由である。

お金を全部なくしたのであれば、あなたは「破綻している」のではなく、「一時的に銀行残高が減っている大金持ちだ」と思って、何の差し支えもない。

自分の知性をプラスに向かせれば、どんな状況におかれても、その中にプラスを発見することになろう。

・ナチスドイツの強制収容所に監禁されたユダヤ人の精神科医ビクター・フランクルは、その状況にあって、戦争が終了し、大学で教壇に立つ自分の姿を想像した。その収容所の経験を通して人間の心理について数多くの現象を研究することができて、それを教えられる人は自分以外にはないと考えた。

それはプラスの知性なのだ！

・キャンディス・ライトナーの十三歳になる娘は、酔っぱらい運転によって事故死してしまった。そこで、自分の娘の死が無駄になってはいけないと考え、彼女は「酔っぱらい運転に反対する母親たちの会」を組織し、全米の交通安全に大きく貢献した。

・若い頃、私にはウィリアムという恩師がいた。彼はアメリカで大型農場を経営し、とても裕福に暮らしていた。しかし、そんなある年、刈り穫《と》りの作業に入るまさに前日、嵐によって作物が全滅した。緑の物はひとつも残っていなかったという。そこで、諦めてしまい、自分の目を天に向けて、神をののしることは何と簡単な道だったのだろう。

しかし、ウィリアムはその出来事にプラスの意味を見出した。

彼は畑の真ん中に立って、次のように言った。

「私は裸で生まれた。裸でこの世を去る。神は与え給《たま》いしが、神は取り去り給《たも》うた。主の御名に誉れあれ。私は食物を作るべき時期がこれで終わったのだと思う。次は、他人に農業をやらせるときだ」

ウィリアムは借金を返済するために農場を手放し、食物輸入業に乗り出した。そして、数年間で以前よりも繁盛し、超大金持ちになり、引退して余生をボランティア活動に費やしている。

どんな出来事にも、どんな状況にも、プラスの知性を使えば、プラスの意味を見出す。そして、それはあなたに相応《ふさわ》しいプラスの将来に結びつくに違いない。

出来事に与える意味は、その出来事の意味になる。

プラスの将来を生み出すプラスの状態

マイナスな状態で、知恵ある意思決定をすることはできない。
プラスの状態にいれば、自分の運命に近づく意思決定はいつでもできる。

プラスの身体で動こう。
プラスの言葉で話そう。

プラスの目で物事を見よう。

そうすれば、プラスを感じ、プラスを得る。

エイブラハム・リンカーンの言葉の通り、
「自分の心に決めるだけ幸せを感じるのだ」。

身体をどのように使うのかは、自分の状況や今持っているお金の量と関係ない。
自分の選ぶ言葉は、周囲の環境や今まであなたの身に起きた出来事と関係ない。
出来事の解釈は、その出来事の中身と関係はない。

態度は選択である。
身体の使い方は選択である。
言葉は選択である。
出来事に持たせる意味は選択である。

そして、これらの選択こそが、あなたの受け継ぐ運命を決める。

自分の思い、身体の使い方、言葉のレベルだけ、幸せを得るのだ。

ステップ5：ビジョン

あなたが持つお金の磁石

マインドはすべてのものを形付ける偉大な力である。そして、人はマインドであり、その思いの道具を手に取り、自分の志すものを形付けていくのである。それによって、一千もの喜びまたは一千もの災いを自分の身に引き受ける。隠れた所において思いを発する。それは、現実になって現れてくる。環境はその人の心を映し出す鏡に過ぎない。

ジェームズ・アレン
『考えるヒント 生きるヒント』

富のDNA

ナポレオン・ヒルは次のように述べた。
「人間は、心に描き、信じることができることは、何でも実現できる」

これは真実である。

宇宙は、あなたのニーズを満たそうと望む無限の物質に満たされている。この物質はいかなる形にも**自己組織化**できる。物的世界に現れる万物は、この普遍の物質の多様な顕現に過ぎず、無制限に置き換えることができる。

エントロピーの法則が教えてくれるのは、新たな**エネルギー**と**情報**の投入がなければ、すべての物質は**カオス**に向かうということである。このエネルギーと情報の投入こそが、**秩序**を生み出し、物質を人間の役に立つ形に組織化させる。

つまり、世界は思いによって作られるのだ。

これは歴史における最大の秘密であり、現代科学の最終的結論でもある。

世界は思いによって作られる。

自分の身体の奇跡を考えてみよう。

今、この本を読んでいるから、あなたの身体を構成する物質は人間の形を装っていることだろう。

しかし、この物質は、いとも簡単にライオン、リス、木、花、その他の生命体になることもできる。

結局は炭素などの元素に過ぎず、それをさらに分解すれば、普遍の物質であり、原子構成要素レベルで振動し、どんな形状、形、体裁、容貌にもなり得る。

しかし、今という今、それは人間の形になっており、もっと細かくいうならば、あなたの形になっている。

あなたの背丈はどのくらいだろうか。

皮膚の色はどうか。

髪の毛は？

目は？

男性だろうか。それとも女性だろうか。

ここで考えてみてもらいたい。なぜこの普遍の物質はこの形に組織化されたのだろうか。

その答えはもちろんDNAに埋め込まれた英知と情報にある。これは、何千世代にもわたる進化の記憶であり、先祖から発信されたエネルギーといえる。この情報は、それぞれのDNAに配置される文字列、遺伝子コードとして表現される。お母さんがあなたを妊《はら》んだとき、父と母双方からの情報が一緒になり、新しい遺伝子コードが生まれた。

この情報に遭遇する普遍の物質は、即刻、あなたの身体の形に自己組織化し始めた。

このプロセスは数年間にわたり継続し、やがてあなたのDNAに含まれる英知が要求するあなたの大人の身体の形になった。

形あるものすべてについても同じことがいえる。そのすべてが普遍の物質によって構成され、思い、英知、情報、エネルギーに反応して自己組織化しているに過ぎない。

心に明確なイメージを持つとき、それが思いの振動として表現される。この英知の振動が普遍の物質に伝達され、そこで即時にあなたの内的世界に想像した絵に象《かたど》って、外の世界においても同じ形を構成し始める。

黄金のイメージを思い描けば、最も効率よい方法であなたの手元に黄金を届けるように天地宇宙のすべてが動き出す。知識ある人々が地質調査を開始し、金の隠れている場所を探し始める。別の人たちが発掘作業を行ない、その黄金を地上まで運んでくる。また別の人がその鉱石を精製し、純度を高める。さらに別の人々がそれを溶かし、持ち運び便利なメープルリーフやクルーガーランドの貨幣に鋳造をする。そして、この金の貨幣が抑えられようもなく、あなたの方向に向かう。

住みたい家のイメージを描けば、工業と商業のプロセスが作用し、あなたの所にそのような家を持ってくる。

心の中に健康な身体を思い浮かべれば、毎日身体が健康に向かう。

心の絵に含まれるすべてのものは、同じ周波数で振動し、その結果、お互いが引き合うことになる。

その絵を現実化させるのに必要な人々は、お互いに何かを感じ、波動が合い、お互いに近づく。

この絵を築き上げるために必要な材料も類は友を呼ぶように引き合う。

あなたの心に描くイメージを現実化させるために必要なアイデアなども共鳴し合い、その夢を実現させるべく、必要なときに、必要な形で現れる。

最終的に、あなたの考えるものはすべて現実になるのだ。

世界はあなたの心が描いた絵に合わせるように、自己組織化する。

方向付けされた思いの力

望む人生を手に入れるためには、自分の思いをコントロールする能力を育成する必要がある。

宇宙を思うようにするためには、そうなるためのエネルギーと情報を発信するスキルを体得しなければならない。

簡単にいえば、**自分の思いを方向付ける**ことを学ばなければならないのだ。

今、生活の中で経験している現実はどうあれ、それはあなたの思いと周囲に発信するエネルギーを反映しているに過ぎない。結局のところ、人生の経験のすべてが、自らの思いと周囲の人たちの思いの鏡に過ぎない。

高校生の頃、新約聖書を読んでいたら、次の言葉に出会った。

「裁きの日において、心から出《い》づるすべての思いによって裁かれる」

これは、私にとって大きな衝撃だった。なぜなら、そのときまで、人間は行動によってのみ裁かれると思っていたからだ。しかし、この考え方の問題は思いは行動であるということだ。

　ほとんどの人は、目標を達成するために、行動しなければならないと考えることだろう。それもその通りである。自分の目標が達成されることを考え、それを望まなければならない！

　思いは行動である。

　望むことは行動である。


　今住んでいる家や、働いている建物を考えてみよう。

　そこに建物を建てたそもそもの力は何なのだろうか。

　答えは**思いの力**である。

　それを聞いて、あなたは抗議することだろう。

「現場で作業した労働者ではないのか。お金ではないのか。建設工機ではないのか」

　しかし、それはすべて的を外した枝葉末節に過ぎない。

「そもそも、なぜそこに労働者やお金や工機が集まったのだろうか」

そこに現れたのは、誰かがその土地に家や建物を建てるべきだという思いがあったからである。

思いの力は残りのすべてを引き寄せたのだ。

もし、私が「ここに家があってほしい」と言って、何の途中経過もなく、即刻その場所に一軒の家が現れたならば、あなたは**魔法**だと思うことだろう。

しかし、途中経過が見えるからといって、騙《だま》されてはならない。それでも、すべてが魔法なのだ。

すべてが魔法である。

努力なき目標達成

多くの人は、**物的行動**をせずに、**思考的行動**で物事を成し遂げることに対して、抵抗を覚える。彼らは、**唯物論**の社会に育てられ、すべてのものに**物的原因**がなければならないと教わっているからだ。

しかし、ほんの一部だけでも近代的科学を勉強すれば、そうではないということが分かる。

すべてのものに物的原因があるわけではない。すべてのものに**エネルギー的原因**があるのだ。


物事すべてに物的原因があるわけではない。

物事すべてにエネルギー的原因があるのだ。


少しばかりの間、磁石のすることについて考えてみよう。

磁石は何もしない！

ただそこにあるだけ。そこに座っている。行動は一切しない。しかし、周りにある同質のものすべてが、それに引き寄せられる。

どうして、それができるのだろうか。

磁石というものは、価電子がひとつの方向を向いたときにできるものである。

つまり、**共通の方向性**ができるとき、磁場が発生し、**引き寄せ**の現象が起こる。

私たちについても、同じことがいえる。

生活の中に何かを望むことにより、精神・魂の力をひとつの方向に統一し、自分の望みを現実化させる人や資源に出会い、それに気付き、それを引き寄せ、それに魔力を及ぼす。

このような観点からすれば、望みは魂の行動といえるだろう。

物事を成し遂げる方法は二つしかない。**身体の作用**によって果たすか、**魂の作用**によって果たすか。

どちらが速いと思うのだろうか。

どちらが力強いと思うのだろうか。

どちらが成功の確率が高いと思うのだろうか。

思いの力の法則を応用することにより、あなたはお金の磁石、男性・女性の磁石、ビジネス磁石、発明とイノベーション磁石、その他自分の望むどのような磁石にもなれる。
思いは行動である。望みは行動であるのだ。

磁石は何もしない。しかし、それでも作用をする。

心が望むままに

これらの思いが効果性を発揮するためには、それをすべて**肯定形**で表現しなければならない。

私は〇〇が欲しい。
私は〇〇を望む。

脳の中には**否定形**は存在しない。

「赤ではない」という概念を考えることはできない。「赤ではない」と考えれば、考えるほど、結局は「赤」について考えていることになる。

やってみてごらん。

絶対にできない。

脳はプラスしか扱わない。

マインドは常にプラスである。

・心の中で「ガンを治したい」と言えば、「ガン」について考えている。
・「もう貧乏でいたくない」と言えば、「貧乏・貧困」について考えている。
・「彼氏とはもう喧嘩したくない」と言えば、「彼氏と喧嘩すること」について考えている。

自分の心からすべてのマイナスの思い、自分に相応しくないすべてのイメージを追放しなければならない。

消極的なニュースを見たり、貧困を表す写真を眺めたり、世界がもう終わりだと説教する人の話を聞いたり、暴力やホラーに満ちた映画を観たりしてはならない。

これらはあなたの運命を破壊するだけだ。

その代わりに、自分の求める現実を表す思いで心を満たすようにしなさい。繁栄、裕福、美、親切、愛、発見、感謝を思うようにしなさい。

ガンジーが言った通り、

「世界に変化を望むのであれば、我々自らその変化にならなければならない」。

自分の望みを肯定形で表現しよう。

「私は大金持ちになりたい」

「私は完全な健康を望む」

「私は長寿で楽しい人生を生きたい」

「伴侶と、愛、情熱、調和に満たされた関係が欲しい」

金銭的な成功を望むならば、「もう貧乏でいたくない」と言わずに、「銀行口座に税引き後現金1億円が欲しい」と言おう。

欲しいものを言おう!

自己達成の予言

セミナー会場で、参加者たちに人生において持ちたいもの、経験したいこと、成し遂げたいことを全部書き留めるようにお誘いをすることがある。

その多くは、持ちたいお金の金額を書き留める。

そこで、私は質問する。

「なぜ**もう一個ゼロ**を書かなかったのですか」

もう一個のゼロを書くということは、どのくらい難しいのだろうか。

答えは、不思議なことに、とても難しいということだ。

なぜそうなのだろうか。

答えは、言うまでもなく、自分について消極的で不健全なイメージを持っているということである。

夢を見る勇気を持てばいい。本当にそれが欲しいと自分で認めればいいだけのことだ。

スティーブン・R・コヴィー博士は、次のように言っている。

「自分の将来を予見する最もよい方法は、自分でその将来を作り出すことである」

ほとんどの予言は、自己達成の部類に入るといって間違いない。そうなると予見しているから、そうなるのだ。無意識は、私たちの信じることを裏付ける証拠を常に探し求めているし、自分でその証拠を作り出してもいる。

成功すると信じよう。

幸せになれると信じよう。

自分の心の望みはすべて叶えられると信じよう。

あなたはいつも正しいのだ。

信じるものは必ず現実化する。周囲の環境はあなたの心を映し出している鏡に過ぎない。

思いの力を使う能力は、今の生活環境や過去の出来事の思い出によって制限されるものではない。

全人類は無限の創造力の賜物を授かっており、自分の望むものが何であれ、それを思い描き、考えることができる。

必要なのは、その力を実際に活用するほんの少しの努力だけだ。

周りの様子に捕われたイメージを心に抱く必要はない。肥満や病弱に囲まれながら「健康」について考えたり、絶望的な貧困に囲まれながら「富」について考えるためには、努力が要る。

しかし、このわずかな努力を払うようにすれば、自分の目的に合わせて、現実をコントロールし、変化させ、思い通りの世界を形付けることができる。

あなたは自分の運命のマスターとなり、自分の魂の船長となり、社会や経済の天候に振り回されることはない。あなたは運命に打ち勝つ。あなたは大金持ちになるのだ。

思いを方向付ければ、人生を方向付ける。

他人について何を信じるかも注意しなければならない。ほとんどの人は、私たちの期待に応えるからである。

ほかの人間を絶対に見下してはならない。

人の中の最善のものを探す。人の心の善を信じる。

間違っている回数より、的中する回数が多いはずである。

ハリケーン・カトリーナの悲劇の最中、多くのニューオリンズ市民の家が強盗に遭った。そこである家の主が、侵入してきた強盗犯を夕食に誘い、泊まる場所はあるのかと聞いた。そして、最後は家をなくした強盗を自分の家に泊めることになった。

ジョージ・バーナード・ショーの言葉を引用すれば、「ある人は物事の現在の姿を見て、『なぜ？』と訊く。私は今まで存在したことがないものを夢見て、そうなってもいいじゃないか、と言う」。

明確さは力である

あなたは何を望んでいるだろうか。

何が可能なのかではなく、何が達成できると思うかではなく、あなたにとって望ましいことは何なのかということである。

・どのくらいのお金が欲しいのか。
・月収や年収はどうあってほしいのか。
・自分の住みたい家を描いてみてください。どこにあるのか。大きさはどうか。間取りはどうか。どのような材料で構築されているか。インテリアのデザインはどうか。どのような美術品を壁に飾りたいのだろうか。

・どのような職場の環境を望んでいるだろうか。仕事の中身はどうあってほしいか。誰と一緒に働きたいのか。
・毎日の交通手段はどうあってほしいか（馬、自転車、スポーツカー、運転手付きリムジン、プライベートジェット、船……）。
・どのような服装を身に着けたいのか。どのような時計で時間を見ていたいのか。
・どのような経験をしたいのか。
・どこでバカンスを取りたいのか。
・何を勉強したいのか。

人生の中に望むすべての富、すべての豊かさを心の目で見つめてみてください。

そのイメージが鮮明になるまで思い続けてください。

そのイメージを**見て**、**聞いて**、**感じて**、**味わって**、**匂いが分かる**まで。

五感すべてを活用してみてください。

それを心に完全に所有するようになれば、実生活でも所有するようになる。

感情を入れて、鮮明な思いを持つならば、思いの振動に反応する普遍の物質においてあなたの望むものが創造されないことはあり得ない。

まず、心において所有しよう。

自分の余暇の時間をできるだけ多く、このイメージを想像することに費やすようにしよう。

ドリーム・ボードの作成も役立つだろう。雑誌やインターネットから写真を収集し、自分の求める富を想像させてくれるコラージュにまとめる。

自分の望むものを鮮明に**文書**で書き留めてみるのもいいだろう。ほかの人に語ることもお勧めしたい。それを見て、聞いて、感じて、味わって、匂いが分かるまで説明してみよう。

そのイメージを**絵**で描いてみたり、**踊り**で表現したり、**歌**にまとめたりするのもいい。芸術的な表現は、引き寄せの磁場を発生させるとても力強い手法である。

この**心象化**を改善するために、できるところから、今すぐに**経験**するようにしよう！

・ロールスロイスの自動車を所有したければ、ディーラーの所に行って試乗するなり、あるいはレンタル業者から一晩借りるのもいいだろう。

・ある町に住みたいと思うのであれば、そこの不動産屋に連絡を取り、今売りに出ている物件を見に行く。

・素敵なジュエリーや品のよい服を持ちたければ、店に行って試着する。

鮮明に思い描けるものは、何でも実現できる。しかし、すでに経験しているものの方が、鮮明に思い描きやすいだろう。

自分のイメージを鮮明にするために、できることを全部やろう。

御心に委ねて

思いの力は論争する余地がない、確実なものである。

私たちの思いは行動であり、天地宇宙をも動かす。そして、周りの環境は私たちの夢見る形に自己組織化するものである。

しかし、天地宇宙にも心がある。

旧約聖書に次の言葉が記されている。

「私の思いはあなたの思いによらず、私の道はあなたの道によらない。天は地よりも高い位置にあるが如く、私の思いはあなたの思いよりも高く、私の道はあなたの道よりも高い」

ある思いまたは望みをいったん持てば、その実現の時期や達成方法について、天地宇宙に任せておこう。

自分の夢の実現は、天地宇宙の望む方法とタイミングでよい。

銀行口座に1億円のお金が欲しいと思っており、ビジネスの構築によってそれを成し遂げようと思っていれば、お金持ちの親戚が遺言で遺してくれても落胆してはならない。

「**人生**」はあなたのために計画があり、それに抵抗しない方が身のためだ。

あなたの夢や望みが叶っていなければ、それは〝まだ〟叶っていないということを覚えよう。

機がまだ熟していない可能性がある。

辛抱強く待っていよう。

あなたの時期が必ずやって来るに違いない。

多くの場合、夢の実現は変装している。

その変装を見破って、自分に与えられているギフトを見よう。

・私は子供の頃、科学者になりたかった。

この夢はすでに実現している。私は社会科学者であり、科学的経営の研究者になっている。

・ロック・スターになりたかった。

今でもギターは弾けないが、何万人の人の前に立ち、彼らのためにセミナーを演奏している。

思いと望みは実現される。ただし、自分の思うタイミングと自分の思う方法ではないことが多い。

夜の泥棒のようにこっそりとやって来る。

無意識の働き

毎日、自分の望むものを思うようになれば、あなたはそれを生活に引き寄せる磁石になる。

あなたの手元に引き寄せられる富を想像しよう。心の中に豊かになっている自分の姿が見えるようになれば、豊かになる。

豊かな生活を思い描けば、その豊かな生活があなたの前に現れていることに驚くことだろう。**無意識が外の世界と内なる世界**を一致させてくれるに違いない。

天地宇宙はあなたの目的に賛同しておられ、心のすべての望みを叶えるように望んでおられるのだ。

心はまさにお金の磁石にほかならない。

宇宙はあなたの目的に賛同しておられる。

ステップ6：サポート体制

億円単位のマスターマインド

マスターマインドの力を活用せずに偉業を成し遂げる人はいない。巨大な富を手に入れた人の人生記録を分析してみれば、その人は意識的にせよ、無意識的にせよ、マスターマインドの原則を活用していたということが分かるだろう。

ナポレオン・ヒル
『思考は現実化する』

鏡に映る人々

最も多くの時間を一緒に過ごしている人たちについて考えてみてください。毎日、毎週、毎月、最も多くの時間をともに過ごしている六、七人は誰だろうか。その人たちの名前を一枚の紙に書き留めてみてください。

彼らの顔を思い浮かべてみてほしい。

彼らは、どのような生活を送っているのだろうか。
彼らは、どのくらい幸せなのだろうか。
どのくらい成功しているのだろうか。
どのくらいの富を手に入れているのだろうか。
その姿をしっかりと見つめてもらいたい。
これはあなたの将来なのだ。

最終的に、ほとんどの人は、一緒に時間を過ごす人たちの期待と基準を反映する人生を送ることになる。
一緒に時間をともにする人たちの質を高めること以上に、あなたの運命を改革するものはない。

友人の質は人生の質である。

子供を持つ親なら、これは特に大切な教訓になるだろう。

子供を育てる上で、心に留めなければならないことは三つだけある。

1　子供の物的安全、肉体的なニーズが満たされているか。
2　子供はプラスの自己イメージを抱いているか。
3　子供はいい模範になるような人といつも接しているか。

この三つだけができていれば、残りは何とかなるだろう。

学校の成績などは、たいした問題にはならない。就職してしまえば、二度と聞かれることはない。

スポーツなどの実績は取るに足らない。その痛手を乗り越えることはできる。

音楽や踊り、芸術などの才能があるのかないのか、そんなことはどうでもよい。

いずれは自らの才能を発見することになろう。

大切なのは住んでいる環境、接している友だち、自己イメージの質だけである。


あなたについても、同じことがいえよう。

あなたは、常に接する人たちの思考圏内に生活しており、彼らの思いの周波数、彼らの望みは、あなたとあなたの生活・職場の環境に多大な影響を及ぼしている。自分の**物的環境**に有毒な物があったら、それを排除することだろう。それと同じように、**精神的環境**から有毒な人を排除しなければならない。

愚痴を言う人、泣き言を述べ立てる人、文句ばかり吐く人、夢を盗むような人はあなたの生活におく場所がないのだ。

あなたの基準を引き下げようとする人、あなたの目標や夢を批判する人、あなたを見下したりする人は、あなたの友だちではない。

真の友だちというのは、あなたの基準を引き上げる人、あなたの目標と夢をサポートしてくれる人、あなたをより大きな人間にしようとする人たちなのである。

そのような友だちに囲まれていれば、成功し、裕福になることは間違いなし。

そして、その道ははるかに楽しいものになるだろう！

かつて私がスイスで2千億円のヘッジ・ファンドの会長を務めていたとき、最も大切な意思決定は、週末を一緒に過ごしたくない人を雇ってはならない、というものだった。

能力は、人格の欠如を補うことはできない。

個人の業績は、チームの破壊を補うことはできない。


物的環境から有毒な物質を排除するのと同じように、精神的環境から有毒な人間を排除せよ！

無限のマスターマインド

あなたの夢はどんなに大きなものだろうと、あなたがどんなレベルの富を目指していても、あなたの夢は可能であり、その富を入手できるということを知っておいてほしい。いや、確信してもらいたい。

その理由は簡単だ。

すべてのことは、**マスターマインド原則**を応用することにより可能になるからである。

ひとりだけの男・女の力で成し遂げられる偉業はありはしない。すべての偉業は共同事業であり、すべての成功はチームの成功なのだ。

ニール・アームストロングは月面を踏んだとき、こう言った。

「これはひとりの人間にとっては小さな一歩だが、人類にとっては偉大な飛躍である」

ひとりの人間が月面に立っていた。しかし、ヒューストンの管制官から月面着地モジュールを製作した工場の労働者まで、百万人を超えるマスターマインドの共同体が地球で見守っていた。

世界のトップ・ブレイン、最も勤勉に働く人たち百万人に支えられていれば、達成できない飛躍は何もない。

今までの成功者全員がこのマスターマインドの原則を活用し、自分の目標を実現させるのに必要な才能、エネルギー、アイデア、労働力を集めた。

個人スポーツのように一見協力を必要としないように見える事業でさえ、舞台裏を覗《のぞ》いてみれば、マスターマインドの原則が作用している。

コーチ、トレーナー、マッサージセラピスト、戦略家、高性能衣類の製造業者、自転車や車のメカニック、スポンサー、イベント企画運営の担当など、偉大なチームがその優勝選手のサポートに当たっている。

ベストセラー作家は、マネージャー、研究者、編集者、校正者、デザイナー、写真家、グラフィック・アーティスト、写植屋、印刷業者、出版社、マーケティング担当者、書店などに支えられている。

ジョン・ドーンの言葉の通り「島になれる人間はいない」。

すべての成功はチームの成功である。

促進原則の作用

さて、どのようにしてそのような**マスターマインド・グループ**を自分の周りに引き寄せることができるのだろうか。どのようにすれば、他人が持つ無限の才能を起用して、自分の目標や目的の達成に向かわせることができるのだろうか。

その答えは**促進の原則**を利用することにある。ここでその原則をあなたに提案しておきたい。

いつの時代にも、偉大なマスターマインドがこの「促進の原則」を実践する人の周りに集まる。

正常な人間なら誰でも、自分の生活に改善を望む。より多くのお金、より健康な身体、より快適な生活環境を欲しがる。もっと多くの知識、より美しい容姿、より多くの自由を切望する。

つまり、前進し、自分の今の姿よりも素晴らしいものになろうとするのだ。

この願望はＤＮＡの奥深くに潜み、全生命共通のものであり、今までのすべての進歩と進化を裏付ける原動力であるのだ。この前進願望は普遍的である。従って、最も才能のある人によって構成される最も力を持つマスターマインドは、社会のために最も大きな夢とビジョンを持ち、最も他人の成長と成功に貢献しようとする人の周りに集まることになる。

あなたは何の手間もなく、この原則をすぐに応用できる。

他人と接するとき、その人の成長と成功に貢献しようとする態度を取り、それを相手に伝えるようにすることだ。その人の人生を促進させ、その人の夢を実現させてあげたいという志を心に抱く。

社交の場においてもできる。

ビジネスの場においてもできる。

家族や親族に会うときもできる。

街角、バス、電車で人に会うときもできる。

この促進の原則は単なるＷｉｎ－Ｗｉｎ（相互得）の発想を超越している。これは、神の御心・天地宇宙の意思と統一することの本質といえるのだ。

この促進の原則は自らに向けて実行することもできる。

毎日、何らかの形で自分自身を促進させ、成長しようという意思を持つことだ。

毎日、全面的に人間として成長している人になれば、あなたの目的に貢献できる人たちにとって、それだけ魅力的な存在になる。

自分自身を成長させ、周囲のすべての人の成長と成功に貢献するようになれば、天地宇宙が、あなたの最も大切に思う夢を実現させるのに必要なマスターマインドを、あなたの元に連れてきてくれるに違いない。

接するすべての人に、何かしらの形で貢献し、彼らを促進させるという意思を心に抱く。

調和された思いによる時間の変形

書籍『思考は現実化する』の中で、ナポレオン・ヒルはマスターマインドを次のように定義している。

「マスターマインドとは、二人以上の人が調和のとれた精神で、特定の目的のために、知識と努力を合わせることである」

従って、あなたをサポートしてくれるマスターマインドが最大の効果性を発揮するためには、あなたは**思いの調和**のスキルを練習し、体得しなければならない。

マスターマインドは「思いの調和の原則」に沿って作用するものである。

ここで時間について、少し考えてみることにしよう。
永遠に終わらないと感じる日を送ったことがあるだろうか。
あっと言う間に終わった一日を経験したことがあるだろうか。

もちろんあるだろう。

誰もが時間の**相対性**を経験したことがあるはずである。つまり、時と場合によって、時間の過ぎていく速度が違うということだ。

時計の秒針が一定の速度で前進しているかどうか、そんなことはどうでもいい。

それは時計の経験であり、時計の世界であり、あなたとあなたの世界とは、何ら関係がない。

私たちの世界において、時間は相対的である。


もし、この事実を受け入れたならば、次の質問が湧いてくるだろう。

時間が止まっているのを感じたことはあるだろうか。

恋に落ちたときを思い出してみてください。

大自然の前に立ちすくみ、愕然《がくぜん》としたときを思い出してみてほしい。

あるいはスポーツをやっていて、すべてが合致し、あなたと、ボールと、チームと、コートと、観客がすべてひとつになったことがあるだろうか。

その瞬間において、あなたはどのように時間を経験していただろうか。

時間が止まったはずである。

誰もが時間の網から解放される瞬間があるはずだ。

誰もが人生のどこかの時点で、無限と永遠を感じたことがあるはずだ。

これらの経験の共通点は何なのだろうか。

何が時間を止めたのだろうか。

何が地球の回転を止めてくれたのだろうか。

答えはこれだ。私たちが**周囲と一体**になったとき、時間が止まるのだ。

調和の思いが時間を止める。

最高峰のパフォーマンスは、時間の止まっているときに起こるものであり、時間が止まるのは、周囲と調和されているときである。

つまり、「時間」は**不和の亀裂**から生じるものであり、自分の思いが周囲の世界と調和されていない結果だといえる。

神々が**永遠**に生きるのは、時間がずっと先まで続くからではなく、彼らの世界にはそもそも時間を生じさせる不和の亀裂がどこにもないからである。

ディーパック・チョプラが指摘することには、**宇宙（Universe）**は、文字通りにひとつの歌（Uni= ひとつ、Verse= 歌）という意味なのだ。

調和されることは、このひとつの歌とハーモニーを奏でること以外の何ものでもない。

もし、自分の周囲と調和される周波数を発信させることに自分の注意を向ければ、それだけで、時間を止めることができる。そして、毎日の活動の中に最高峰のパフォーマンスを発揮できるようになるのだ。

努力なき達成と協力は、周囲の環境と調和された思いを発するすべての人に与えられる。

時間を止めることは、努力のない目標達成の奥義である。

公式マスターマインド・グループの構築

ここまで、接する人たちを厳選する大切さ、マスターマインドの活用によりどんなプロジェクト、どんな夢でも実現できること、また他人と調和し、促進原則を実践する必要性について理解してもらえたと思う。そこで、自分の目標達成を支え、裕福になるプロセスを応援してくれる**公式マスターマインド・グループ**を構築してみよう。

簡単にいえば、マスターマインド・グループとは、調和の精神を持って、お互いの目標達成を支え合うために集合するグループである。

このマスターマインド・グループは宇宙を再編し、物事を引き寄せる膨大な磁力を発するものであり、メンバーの選定は注意深く行なう必要がある。

そこで、四つの大切な原則を紹介しよう。

選定原則1　マスターマインド・グループは申し込み制ではない

多くの人があなたのグループに入りたいと思うことだろう。しかし、原則的にいえば、マスターマインド・グループは入会の申し込みを受け付けない。

すべてのマスターマインドに**発起人**が必要であり、その発起人は、メンバー全員との関係を持ち、要になる。

そして、マスターマインド・グループのメンバーの選定は、この発起人の責任になる。

発起人は他のメンバーと相談しても構わないが、最終的にひとりの責任でメンバーを選ぶべきだろう。

選定原則2　メンバーはプラス・マインドを持つべきである

マスターマインドの偉力はメンバーの**プラス・マインド**に依存している。

従って、メンバーを招聘《しょうへい》するとき、積極的な物の見方、マインド、人格を持つ人に声をかけるべきであり、プラスのエネルギーを発信するメンバーでグループを形成すべきである。

グループのミーティングは、一切のマイナス・エネルギーの曇りに侵されてはならない。

この高い基準を満たさないメンバーがいた場合、容赦なく退会させるべきだろう。

選定原則3 メンバーは可能性マインドを持たなければならない

マスターマインドの作用は、現実に対する正しい理解の上に立つ。

制限はすべて幻覚であり、可能性のみが実在する。

従って、マスターマインド・グループのメンバーは、日頃から**可能性マインド**を持つべきである。これは天地宇宙のマインドであり、どのように実現できるかがみえていなくても、すべてのことの可能性を信じることである。

マスターマインドの土台の上に立てば、従来の人生で考えてきた一週間でできること、一日でできること、一時間でできることの既成概念がすべて吹っ飛ぶことだろう。

あなたは新しい領域に進入してきており、ここではすべてのことが可能であり、どのような現実でも作り出すことができる。

選定原則4　メンバーは一緒にいて楽しい人たちであるべきだ

これは最も大切な選定基準である。

マスターマインド・グループのメンバーは一緒にいて突拍子もなく楽しい人たちであるべきだ。その意味は、あなたが決めてもいいが……。

自分の友人、親戚、知己を考え、一緒にいて最も楽しい七、八人を選んでみる。

これはあなたのリストになる。

マスターマインドの実際の運用

マスターマインドの運用は単純、簡単、楽しいものである。

その運用は七つの原則に基づくものであり、ここでその原則を紹介しよう。

運用原則1 マスターマインド・グループは定期的に集合しなければならない

マスターマインド・グループは定期的に集合すべきであり、ほとんどのグループは、一か月に一回程度が妥当だろう。

マスターマインドは継続できて、メンバーにとって大きな負担にならないように、ミーティングの周期を注意深く決めるようにしよう。

同じ理由で、複数のマスターマインド・グループのメンバーとしての責任を引き受ける前によくよく考えておくべきだろう。

定期的なミーティングはマスターマインド・グループにパワーを与える基礎であり、それがなくしてマスターマインドの本当の奇跡を見ることはない。

運用原則2 マスターマインド・グループは可能性を思わせる場所に集合すべきである

ミーティングを開催するとき、可能性を思わせてくれる場所を選ぶようにするべきだ。

自然の中で会うなど、コストをかけることなくできることである。あるいは、最も自分たちを鼓舞してくれる環境で集会するために、ある程度の費用をかけてもいい。

私の知っているマスターマインド・グループのひとつは、最近のミーティングをモルジブの水上ヴィラで開催した。グループのメンバーは各国から飛行機で集合場所まで飛んだ。

レストラン、ホテル、その他、状況次第で自分たちで場所を選んでもいいだろう。最もよい場所で集合できるように努力することをお勧めしたい。自分のグループの今の実状を考えて、決めるようにする。

あるマスターマインド・グループは、メンバーはさほど裕福ではないが、駅からミーティングの開催場所になっているレストランまでロールスロイスを借りるようにしている。

一回でも運転手付きリムジンに乗っていれば、将来同じようなことが再び起きるのをそれだけ想像しやすくなるだろう。

ここでグループにとって何が一番いいのか、自分の直感を信じよう。想像力を広げるようにしよう。

自分の市町村や国の議事堂の前の階段に座り込み、グループのメンバーで地域や国を運営している姿を想像するのも一興だろう。

自然界の中に入り、神様・天地宇宙が組織してくれたこの多様性、万物の間の相乗効果と統一、毎日美しく歌ってくれる生命の歌について考えるのもいいだろう。

どこを選ぶにせよ、あなたの魂に可能性を伝える場所にしよう。

運用原則3　一か月の活動と成功の報告をする

ミーティングが始まれば、各メンバーが過去一か月の活動、成功、チャレンジを報告し合う。マスターマインド・グループは開かれたコミュニケーションの場であり、ためらいもなく、自分の生活のすべてを語れる場であるはずである。

運用原則4　お互いのためにお互いの望むことをお互いに望む

マスターマインド・グループは、全員がそれぞれのメンバーの望むことを、そのメンバーのために望む場である。

助言や励ましを与えるとき、それはこの「望み」を表しているものであり、その自然の結果といえよう。

しかし、助言や励ましを与えることはマスターマインド・グループの本質では決してない。

各メンバーは順番に、自分の今最も望んでいることをグループに紹介する。そして、残りのメンバーはその望み、その夢が実現されることを望む。

何も言う必要はない。何も「したり」「言ったり」する必要はない。ただ、その相手の望みが叶えられることを心に望むようにすればいいのだ。

運用原則5　世界のために善を望む

マスターマインド・グループを開催する最後のステップはこれだ。メンバーひとりがグループを代表して、世界のために望むことを発表する。

そして、グループ全員で、同時に、世界のために、そうなるように望む。

このステップは必須であり、皆の望みや夢を叶える力を持つ「無限の英知」と「グループ」を統一させることになる。

運用原則6　調和と開かれたコミュニケーションの精神を持って、グループと楽しい時間を過ごす

後は楽しむだけである。マスターマインド・グループとコミュニケーションを図る時間は、毎月の中で最も楽しい時間になるだろう。

運用原則7　基礎の原則を覚えよう

マスターマインドは、本書の中ですでに紹介した原則の上に成り立つものであ

り、それに沿って運用されるものである。つまり「感謝」「創造マインド」「プラスの知性」に沿って実行するものであるのだ。

グループは感謝で満たされるようにしよう。

創造マインドを活用しよう。

すべてのミーティングでプラスの知性を発揮しよう。

このようにすれば、あなたのマスターマインド・グループは強烈な振動を発信し、あなたの望みは目まぐるしいスピードで普遍の物質の中に形として現れるに違いない。

チームの言葉

自分の大きな望みや夢を実現するために、マスターマインドの原則を活用し始めれば、新しい形のコミュニケーションが芽生えるはずだ。

人生の中で有意義で継続的な価値を持つすべての事業が、**チーム**によって達成される。もう一度思い出してみよう。チームとマスターマインドの原則によって達成できない目標はない。

地球のどこかに、力を結束させ、相乗効果を発揮し、グループのエネルギーの発信によって、あらゆる問題を解決し、すべての目標を達成し、あらゆる夢を可能にしてくれる人たちがいるはずだ。

結局のところ、チームをマスターすれば、人生をマスターすることになる。

チームをマスターすれば、人生をマスターする。

チームはコミュニケーションによって作られる。それは秘訣だ。そして、あなたの毎日行なうコミュニケーションの如何《いかん》によって、すべてが決まる。

どのような人たちがあなたに引き寄せられるのか。誰があなたのチームで遊びたいと思うのか。誰があなたのために力を振るってくれるのか。チームがどの程度の強い動機付けを持つのか。言葉によって、これらのすべてが決まる。

チームの言葉は、夢の言葉であり、**我の言葉**とは違う。

最も簡単な言葉は、最も深い意味を持つ。

これはとても耳寄りな話になるはずだ。なぜなら、数分間をかけていくつかの簡単な語句を覚えるだけで、チームの言葉を身に付けることができるからである。

◎誉め上手、祝い上手になろう

業績が出たり、賞賛すべきことがあった場合、チーム語で「**あなた**」と言う。


「あなたは素晴らしい！」

「あなたはあの会議でよくやったよ」

「その状況のあなたの対応は感心ものだ」

「いつもあなたのやることに感銘する」


人は誉められたり、認められたりしたいものである。そのような職場で働きたいと思う。

惜しまずに人を誉めよう。
人のいいところを探し、それを伝えてあげよう。
賞賛は自分で得ようとせず、人に差し上げよう。

賞賛は人に上げよう！

◎批判は控えよう

批判すべきことがあったとき、チーム語で「私」と言う。

「私は間違いを犯した」
「これは私のせいだ」
「私が気付くべきだった」
「これに関して私は責任を取らなければならない」

チームのリーダーやメンバーが自分の責任を否定し、他人のせいにしようとすることほど、一瞬にしてチームの士気を低めるものはない。

責任は上のものである。従って、上に行こうと思うのであれば、責任を取り、批判される習慣を身に付けなければならない。


自分で批判されよう。

◎ご褒美は皆で分かち合おう

利益が出たり、努力が報われたりしたとき、チーム語で**「私たち」「皆」**と言う。

「私たちは大きな利益を上げた」

「私たちが勝ち取った」

「皆で分かち合おう」

チームは一緒に勝つ。それだけ単純で明快なことだ。

酬いを皆で分かち合う。

◎自分の意見に過ぎない

物事はどうあってほしいかなどについて、強い意見があったとき、チーム語で「……のように見える」「私の立場からしてみれば」と言う。

「こういうやり方もあるように思う」
「私の立場からしてみれば、違うアプローチの方が得に見えるが……」
「もっといいやり方があるように感じる」

ベンジャミン・フランクリンは史上最も偉大な外交官と呼ばれ、周囲から最も愛された人物のひとりといえる。その彼は老齢になってから「私は、一切の断定的な言い方や、自分が上に映るような表現を控えた」と言い遺している。
このアプローチをあなたにも提案しておきたい。

自分だけが正しいと思うな。

◎フィードバックを与えるとき、優しくしよう

チームで働くとき、ほかのチーム・メンバーにフィードバックを与えなければならないことがある。

多くの人は、客観的に自分のやっていることが見えないし、また自分のやっていることが周囲に及ぼしている影響について盲目である。だから、その人のために鏡になり、改善できるように助けてあげなければならない。

フィードバックが必要なとき、チーム語で**「私の気になっていることは……」「私たちの基準や目標からすれば……」**である。

どのようなフィードバックを与えていても、それは自分の見地からくるものである。従って、その事実を認識し、自分の意見として伝えなければならない。

「ここで私の気になっていることは、先のお客様が何も買わずに店を出たということだ」

またフィードバックは、以前から設定した基準、目標、目的、原則に沿って与えるとき、それだけ受け入れやすいものになる。

「今日のお客様とのやり取りは当社の目指す〝お客様のニーズを先読みして、それに応えよう〟という価値観を満たすものであったかどうかが、心配だ」

フィードバックは自分の見地からくるものであり、自分の世界観に過ぎないということを覚えよう。

◎理解するように話を聞こう

チーム形成の名人は、**聞き上手**である。

他の人の話を聞くとき、あるいは他の人が話をしているとき、チーム語はこうである。

「理解できるように助けてください」

「今のところをもう少し説明していただけますか」

「それはとても面白い。もっと聞きたい」

「ちょっと今の話を要約して、理解しているかどうかを確認させてください」


ここで大切なのは、人の話、その人の言わんとしているところを理解しているかどうかを一度悩んでみることだ。人間同士の理解は難しいものであり、努力の要ることである。


深く話を聞こう。

相手の世界が見えていないとき、それを意識しよう。

説明してくれるようにお願いしよう。

理解を確認するために、話を要約しよう。


心から理解したい気持ちで人の話を聞こう。

◎いつでも、どこでも

すべてのとき、すべての場所において、チーム語は「**ありがとう**」である。あまりにも多くのチームの中から、相手はあなたのチームに入ることを選んでくれた。

あなたの打ち出した共通の目標や目的を達成するために働いてくれている。あなたと一緒にいて、あなたとともに働くために、自分の人生の一部を犠牲にしてくれている。

チーム語は「**ありがとう**」「**感謝します**」「**本当に嬉しい**」であるのだ。昔から「ありがとう」は、**魔法の言葉**と呼ばれてきた。まさにその通りなのだろう！

人の忘れている貢献を覚えよう。それを認めよう。大きく感謝しよう。そうすれば、あなたは男の中の王子、女の中のお姫様になるに違いない。

「ありがとう」は、魔法の言葉である。

◎練習こそ物の上手

チームの言語をマスターすることで、あなたは偉大なリーダー、素晴らしいチームの一員になる。そして、それはあっと言う間に起こることだろう。

しかし、練習が必要だ。

毎日、心がけよう。

人を見下すような表現、チームの精神を台無しにするような言葉を口にする誘惑に負けないようにしよう。

チームを目覚めさせよう。

自分の心を賞賛、尊敬、感謝でいっぱいにしよう。

人からの批判を素直に聞こう。

「私」「あなた」「私たち」を使い分けよう。

人の話を深く聞こう。

そして、事実と自分の意見をきっちりと見分けて、自分の意見をチームに押しつけることを控えよう。

賞賛：あなた
批判：私
利益・ご褒美：私たち
意見：……のように見える
フィードバック：私の気になっていることは……
聞くとき：理解できるように助けてください。要約してみよう。
いつでも：ありがとう。感謝します！

毎日、練習しよう！

第3章

受け取りの法則

~お金持ちの行動~

ステップ7：仕事

仕事は現実化する！

毎年、私はエール大学やハーバード大学の学生たちに講義をしている。そこで、いつも学生たちに向かって言うことがある。あなたたちにひとつの言葉を教えよう。この言葉は鈍才を天才に変える。この言葉は賢い人を頼りになる人に変える。この言葉はあらゆる扉を開けてくれる。この言葉はあなたの前に赤絨毯《じゅうたん》を敷いてくれる。この言葉は世界で最も美しくまた力を持っている人たちをあなたに会わせてくれる。この言葉はすべての人に成功を与える。その魔法の言葉は「し・ご・と」であるのだ。

ルイ・ナイザー

幸運の女神に恵まれる秘訣

引き寄せの法則は、自然の法則であり、だから必ず作用を及ぼす。自分の考えるものは、何であれ、それは自分に引き寄せられる。
富とお金について考えれば、重力の影響を受けて、ボールが地面に向かって落ちるのと同じように、その富とお金があなたの手元に引っ張られる。
しかし、その富が現れたとき、それを受け入れる準備も必要だ。

高校生のとき、レスリングチームに入っていたが、練習の部屋には、たった一枚のポスターがいつも壁にかかっていた。それには、次の言葉が記されていた。

「運とは、準備が機会に出会ったときに起こる現象である」

考え得るスポーツの中で、レスリングほど運と関わりの少ないものはほかにないだろう。
マットの上に二人の選手しか立っていない。だから、うまくいかないとき、それをチームメイト、父、母、コーチのせいにすることはできない。室内なので、天候の作用もない。だから、雨のせいだ、雪のせいだと、言うことはできない。

あなたのスキルと相手のスキルがそこにあるだけであり、それはまったく公平にぶつかる。

うちのチームに、ジョンという選手がいた。彼は五回も全国大会で優勝していた化け物である。私の記憶の中では、敗北知らずだった。地元で敵《かな》う人はいるわけがない。

マットに出て、フォール勝ち。家に帰る。次の試合、マットに出て、フォール勝ち、家に帰る。その連続だった。

ある日、最大のライバルだったグラント高校との試合に出かけた。そして試合が始まって間もなくして、ジョンが有利な位置を取ろうとしてロールしたら、途中で相手に止められ、肩がマットにつき、即フォール負けとなった。

帰りのバスで、チームのひとりがジョンを慰めようとした。

「あいつは運がよかっただけさ」

ジョンはそのコメントをはね除《の》けた。

「ばかばかしい。機会があった。あいつがそれを活かした。それだけのことだ」

裕福になろうと考えるすべての人が、富を手に入れる機会に遭遇することになる。しかし、その機会に出会ったすべての人が、それを受け入れる準備ができているというわけではない。

あなたは、常に成長し、無限の富を手に入れる機会にあずかるに違いない。そして、それを受け入れる準備ができていれば、それはあなたのものになるのだ。

引き寄せ ＋ 受け取り ＝ 成功

あなたの望む富が、通常の商業、工業、社会の経路であなたに与えられるものであるから、その富の源になる**社会との関わり**を持たなければならない。

これは**行動による引き寄せの原則**であり、**受け取りの法則**ともいう。そして、多くの人が最終的に富を手に入れられない躓《つまず》き石ともいえるのだ。

私の知っているある男性は、一万四千キロも離れた所からグランドピアノを輸送してもらった。そのピアノを家の前まで輸送する費用と、家の前からリビングルームまで運び入れる費用は、ほぼ同額だった。

ピアノを輸送することは簡単だった。それを受け入れて、安全に家の中に納めることの方がはるかに難しかったのである。

しかし、この最後のステップがなければ、ピアノを弾き、その奏でる音響を楽しむことにはならない。

思いの力があなたの元に富を引き寄せる。**仕事の力**がその来たる富を受け入れることができるようにしてくれるのだ。

双方が同様に大切であり、その双方に対して同様に実施する必要がある。

別の言い方をすれば、**思いの力×社会に関わる度合い＝受け取る富の量**、ということになる。

思いの力 × 社会に関わる度合い ＝ 受け取る富の量

今現在、正しい仕事に就いている必要はない。

好ましい状況にいる必要はない。

必要なのは、人にとって価値のある仕事に従事しているということであるのだ。

そうすることで、天地宇宙は、富があなたの手元に流れる経路を作り出すことができるようになる。

収穫の法則はすべてを支配している。春に種蒔《ま》きを忘れて、夏に遊び呆けて、秋になって実を刈り穫《と》ることは期待できない。このようにすれば、あなたの期待は絶望と化し、冬に飢え死にするに違いない。

著者になり、本を出版したいと望む若者にアドバイスをする機会がたびたびある。いつも彼らに言うようにしている。

「編集者は、あなたの著書の欠点をすべて直せる。それをまだ書いていないということ以外は……」

どうしても、仕事をしなければならない。

力が及ぶ限りの種蒔きをしなければならない。そして、経済的成功の種は仕事をし、やるべきことをやり、富の源である社会と関わることによって蒔かれるのである。

あなたの働き、あなたの努力により、天地宇宙はあなたに対して借りを持つ。そして、この借りは利息を付けて返されなければならない。

私の個人的な経験から、ひとつのエピソードを紹介し、この社会との関わりを持つことのパワーを説明してみよう。

あるとき、ライオンについての単純な物語を思いついた。

物語の主人公であるライオンは、ある日、シマウマを倒した。これはライオンのよくすることである。

ライオンがそのシマウマを食べかけたところで、周囲にハイエナやジャッカルが集まり、文句を言い始める。

「なぜ俺たちはシマウマが喰えないのか」

「何でライオンなんかが、いつもそんなにいい思いをするわけ？」

「少しこっちにもよこせよ！」

ライオンは見上げて素っ気ない顔をして、返答した。

「イッツ・マイ・ゼブラ（シマウマ）」

私の周りにいる多くの人たちがこの物語に共鳴してくれた。自分の打ち出した計画が「うまくいくはずがない」と周りから言われたり、あるいはシマウマを倒す仕事をしもしないような人から、責任だけを追及されたりすることに飽き飽きしている様子だった。

そこで、私は心の中でこの物語に基づいて大金を作り出すことを想像し始めた。

そして、その方向に向けて、小さな行動を起こした。

シマウマ模様にライオンの足跡と大きな血痕の柄で、「イッツ・マイ・ゼブラ」というセリフの付いたTシャツを印刷にかけて、セミナー会場において３９００円で販売した。そして、最初の二十分間で百枚以上を売り上げた。

その後、友だちのロイス・クルーガーが『８つの鍵』という素晴らしい本を出版したので、私の東京近辺で開催する参加者五百人のセミナーにおいてその本を販売してもいいかという依頼を受けた。

私は競争マインドではなく、創造マインドで生活しているから、その要請を快諾した。「本でも、何でも販売していただいていいですよ」、と彼に伝えた。私の顧客が彼の本を買ったところで、うちには何の損もない。

そのセミナーの最中に、彼の本の編集者が会場に駆けつけた。そこで彼女はゼブラ柄のTシャツを身に着けている参加者を目にして、そのひとりに質問した。

「なぜこのTシャツを購入されたのですか？」

「私は会社の社長をしていますが、いつも文句ばかりを言うハイエナやジャッカルに飽き飽きしています。このTシャツは私の気持ちをぴったりと表現しているのですよ」

セミナーが終わらないうちに『イッツ・マイ・ゼブラ』を本として執筆し、初版の印税として750万円を支払うというオファーを出版社からいただいた。

その話の延長線で別の本の出版が決まり、自分にとって大きな収入源となった。

ここで注目してほしいのは、出版社や出版契約を探しに行ったのではないということである。事実、本を書こうとも、思っていなかったのだ。

それはすべて、社会との関わりによって、私に引き寄せられたことであるのだ。

セミナーを行なったり、Ｔシャツを印刷にかけたりする仕事によって、それを受け入れることができるようになったのである。

感謝、豊かさ、プラス知性の原則を活用しながら今やっていることに対して勤勉に努めるならば、商業・工業の経路があなたの方向に向かう。そして、あなたの運命である富を受け入れることができるようになるに違いない。

毎日、その日のうちにできることをすべてやるようにしよう。そうすれば、受け入れることのできるものをすべて受け入れることになるのだ。

得られるものをすべて得るためには、することをすべてしなければならない。

ダイヤモンド畑

仕事をやっていく中で、機会を摑《つか》むように、観察力を働かせる必要がある。

昔の話である。

二人の兄弟、ヨハン・ニコラス・デビアスとディデリック・アルナルドス・デビアスは貧しい生活を送りながら、バール川の近くで農園を営んでいた。

自分たちの持っているものの真価をわきまえずに、1万2千ドルでその土地を売り払った。南アフリカのキンバリーにあったその農地は、以降世界最大のダイヤモンド鉱山となり、その中から6千パウンド（2722キログラム）のダイヤモンドが採掘された。

その鉱山があまりにも成功したので、今ではダイヤを含む可能性のある火山石は「キンバリー岩」という名前で呼ばれている。

かの有名なデビアス社もこの二人の兄弟の名前を取っているが、その名字を持つ人が、同社の従業員にも株主にもなったことはない。

デビアス兄弟が受け取ったのは、貧しい農場の対価に当たる1万2千ドルだけだった。

見事に本当の機会を見逃してしまったのだ。

しかし、この物語はそこで終わるのではない。

この物語は後に、ラッセル・コンウエルの有名な講演「ダイヤモンド畑」のインスピレーションにもなった。コンウエルはその題目の講演を六千回行なった（ダイヤモンド1パウンド当たり一回）、そして1890年にそれを本として出版した。

そのスピーチと本から得た収入で大富豪となり、その大金の一部でテンプル大学を創立させた。

大金は常にあなたの足元にある。

本書では、それを見つけて、手に入れる方法を後に説明する。現時点で、それは**思いの力**によって引き寄せられ、**仕事の力**によって受け取られるということを理解すればいいのだ。

富は「思い」によって引き寄せられ、「仕事」によって受け取られるものである。

行動と結果を結びつけるスピリチュアル・リンケージ

ここで注目すべき原則がひとつある。それは「行なう仕事」と「得ようと思っている結果」が、これといった関係を持つ必要はないということだ。

毎日、その日のうちにできることをすべてやっていて、自分の心の望みが必ず実現されるという信仰を持っていれば、それで足りる。

これは**スピリチュアル・リンケージ（精神的な連鎖）**と呼ばれるものであり、史上最大のリーダーたちが不可能と思われる目標を達成するために活用してきた原則である。

・ガンジーは内乱を止める意思を持って断食をしたら、カルカッタでの戦いが止《や》んだ。

ひとりの年寄りのインド人が食物を摂らないことと、戦いを止めることとは、何の関係もないが、ガンジーがその双方の間にスピリチュアル・リンケージを築いたのだ。

・マーティン・ルーサー・キング牧師は、アメリカ合衆国における黒人の平等の権利を勝ち取る目的でコミュニティーの先頭に立って行進したら、リンドン・B・ジョンソン大統領が公民権法に署名した。

またも、歩くことと自由になることとは、直接的な関係は何もない。しかし、キング牧師はスピリチュアル・リンケージを作ることで、二つに関係を持たせた。

社会との関わりを増やすようにすれば、来たる富を受け入れることがますます簡単になってくることだろう。社会との接点を作り出すことに集中しよう。関わりを持つようにしよう。

自分の宗教の団体に貢献することで、社会との接点が築ける。ＰＴＡや草野球チーム、その他子供の教育に関わる活動に参加するのも、ひとつの方法になろう。チャリティーやボランティア活動にも参加できる。政党に入ったり、自治体のミーティングに出席したりすることもできる。サイクリングや将棋などのサークルに入るなど、他人と接する趣味を持つこともできるだろう。

こうする中で、奉仕する機会を探すようにしよう。

リーダーの役割を快く引き受けよう。コーチを務める。その組織の事務局の仕事を引き受ける。会の幹事をやる。

これらのすべては、働く機会であり、そして、働けば働くほど富のチャネルがあなたの前に開かれる。

仕事をせよ。

それはさらなる自由への門戸である。

富に向けた道で、仕事する一歩一歩が天地宇宙のあなたに対する借りを増やす。

収穫の法則が必ず成就するのだ。

快く仕事せよ。

信仰を持って仕事せよ。

自分の生得権である富を受けるための経路を開ける意思を持って仕事せよ。

そうすれば、すべてがあなたに与えられるに違いない。

より多くを得るために、より多くを与える。

ステップ8：優秀

確かな方法

一番上は、いつでも空いている。

ポール・ダン

富をもたらす「特定の方法」

確実に富を手に入れるためには、ある**特定の方法**で行動しなければならない。

富を手に入れるかどうかは、環境に依存するものではない。

富を手に入れるかどうかは、才能に依存するものではない。

富を手に入れるかどうかは、裕福な家庭に生まれたかどうかに依存するものではない。

富を手に入れるかどうかは、教育のレベルに依存するものではない。

富を手に入れるかどうかは、正しい仕事に就いたり、正しい業界でビジネスをしたりすることに依存するものではない。

富を手に入れるかどうかは、他人の行動に依存するものではない。

あらゆる出身地の人がお金持ちになる。

才能のレベルがまちまちの人がお金持ちになる。

貧乏な両親の元に生まれた人がお金持ちになるし、裕福な家庭に生まれながら貧困を味わう人もいる。

高度な教育を受けていない人がお金持ちになる。

いろんな職種の人、いろんな業界でビジネスをしている人がお金持ちになる。

いい環境にいるとか、才能があるとか、裕福な親を持っているとか、高度な教育を受けているとか、ある職種で働くまたはある業種でビジネスを行なっているということが、それなりに富を引き寄せて、お金持ちになる上で役立つことは確かにあるだろう。

しかし、あなたが金持ちになるかどうかは、このいずれにも依存するものではない。

あなたの住むコミュニティーでひとりでもお金持ちになっていて、あなたはなっていなければ、コミュニティーのせいではない。

豊かな才能に恵まれていない人がひとりでもお金持ちになっていて、あなたはなっていなければ、才能のせいではない。

貧しい親の元に生まれた人がひとりでもお金持ちになっていて、あなたはなっていなければ、親のせいではない。

教育を受けていない人がひとりでもお金持ちになっていて、あなたはなっていなければ、教育のせいではない。

同じ職種、同じ業種の人がひとりでもお金持ちになっていて、あなたはなっていなければ、職種・業種のせいではない。

唯一の違いは、物事をある**特定の方法**で行なっているかどうかである。

違いは、することをどのようにするかにある。

この「特定の方法」は、誰にでも学べるし、実行できるものである。しかし、それをしようとする人は少ない。

西部開拓の偉大な指導者ブリガム・ヤングの言葉を借りて言うならば、「ほとんどの人は好き勝手にするが故に地獄に落ちるのだ」。

大富豪になろうと望むならば、好き勝手にするだけでは不十分である。今まで通りにやっていればいいというものでもない。

お金持ちになる特定の方法をマスターしなければならない。

今いる環境の中で、この特定の方法を実施するようにすれば、裕福になれる環境へ導かれる。

今持っている才能で、この特定の方法を実施するようにすれば、新たな才能が与えられ、また豊かな才能を持っている人があなたに仕えるようになる。

今持っている教育のレベルで、この特定の方法を実施するようにすれば、さらに教育を受ける機会に恵まれたり、または最も高い学位を持っている人たちがあなたの計画に貢献してくれるようになる。

今のビジネス、今の仕事で、この特定の方法を実施するようにすれば、今のビジネスが繁盛し、また想像を絶するほどの富をあなたにもたらしてくれる新しいビジネスに導かれる。

今、この特定の方法を体得し、実施することを決断しなければならない。

今を生きる

さて、この「特定の方法」はどういうものなのだろうか。

どのようにして、それを実施できるだろうか。

そこで、まず大切なことは、どのような行動を取っても、それは「**今**」の**行動**でなければならないということである。

富への特定の方法には、引き延ばしはないのだ。

延期が許されない。

過去について泣いている暇もなければ、将来について心配する時間もない。

すべての行動は、現在形でなければならない。

今、行動しなければならないのだ！

今日できることをすべて、今日のうちに実行しなければならない。

「太陽が照っているうちに干し草を作っておけ」、というのだ。

自分の前にある道の一歩一歩を確実に歩み、躊躇《ちゅうちょ》することなく前進しなければならない。

今、行動しなければならない！

機会が現れたとき（それは必ず来るだろう）、その機会を活かさなければならない。

宗教学者フィリップ・ベニエは次のように言っている。

「偉大な力を身に付けるまで、出発を引き延ばすな。動かないことはあなたをさらに弱めるからである。明確に見えるようになるまで、始めることを引き延ばすな。光に向かって歩まなければならないからである。この第一歩をとる力があるか。必要性が一目瞭然のこの小さな行ないを実行する勇気があるか。この第一歩をとり、この行ないを実行せよ。その努力を達成することで、あなたの力は尽きることなく、倍増されることに驚くことだろう。そして、次に実行すべきことが明確に見えるようになるのである」

今、行動しなければならない！

課題が大きすぎて、とても自分の力で成し遂げられないと思うのかもしれない。そのようなことを思い煩う必要はない。

ガンジーの言葉を思いみよう。

「自分のやることはどうせ取るに足らない。しかし、それを実際にやるということは大切なのである」

今行動せよ！

ひとつひとつの行動を成功させる

行動し始めて、毎日を精一杯生きるようになるにつれて、ひとつひとつの行動を**優秀に行なうようにしなければならない。**

・ホテルで部屋を掃除するメイドであれば、最も優れたメイドになることだ。自分の担当する部屋を最高の基準で清潔に保つ。
・料理人であれば、自分の力が及ぶ限り最高の料理を用意するのだ。テーブルまで足を運び、お客様に挨拶をし、彼らのダイニング経験を特別なものにする。
・牧師であれば、最高の説教をする。
・教師であれば、自分のできる最高のレッスンをする。
・タクシーを運転しているのであれば、乗客をリムジンに乗るＶＩＰのように扱うようにする。

これが鍵である。

ポール・ダンはこう言っている。

「一番上は、いつでも空いている」

それにもかかわらず、富を望むほとんどの人が一番下のポストに申し込んでいるように見える。

アーノルド・シュワルツェネッガーがミスターオリンピアを目指してトレーニングをしていたとき、雑誌のインタービューを受けた。そして、次のように質問された。

「10回、重りを上げるとき、一番効果が出るのは何回目でしょうか」

彼が答えた。

「12回目だ」

ほとんどの人は、人生を最低限の努力で済まそうとしている。滑り込みセーフで通そうとする。ぎりぎりの線で抜け出そうとする。

しかし、裕福になるプロセスは、今の自分以上の存在になるプロセスである。そして、今以上の存在になる唯一の方法は、今の状況を超える努力をすることだ。

ひとつひとつの行動を成功させれば、成功する一日を送ることになる。

一日一日を成功させれば、成功する人生を送ることになる。

自分の基準を引き上げよう。

星を目指そう。

ほかの人があなたに要求する以上のことを自分自身に要求しよう。

ひとつひとつの行動を素晴らしいものにするならば、天国の恵みがあなたの頭《こうべ》に注がれるに違いない。

すべての行動を成功させれば、人生を成功させられる。

これから紹介するいずれの分野でも、群を抜いた質と量のサービスを提供するようにすれば、想像をはるかに超える富を受け入れることになる。

1　起業とビジネスの運用

2　芸術（文学、音楽、映像、絵画など）
3　ジャーナリズム
4　スポーツ
5　お金の管理
6　宗教
7　法律、医療、経理などの専門職
8　教育
9　技術とイノベーション
10　政治と政策

このいずれかまたはその他の多くの分野で、この「特定の方法」を実行することで、あなたの所に富が流れ込む経路を作り出し、あなたは裕福になる。

もう一度言おう。何をするかよりも、どのようにそれをするかが大事である。

どの分野でも裕福になれる。

人の前に自分の光を輝かせて

今の行動をし、ひとつひとつの行動を成功させる形で行なう中で、自分の行動はすべて**快く、笑顔で**しなければならない。

富は笑顔に惹き付けられる。

黄金は黄金の顔色に惹き付けられる。

今日出会うすべての人に明るく、元気よく挨拶しよう。

難しい作業を割り当てられたとき、心よりそれを快諾し、そのチャレンジを喜ぶようにしよう。

人は陽気な人と一緒に仕事をしたがる。

人は陽気な人を採用したがる。

人は陽気な人から物を買いたがる。

そしてお金は、幸せで、陽気で、すべての行動を快く行なう人の懐中にあることを好む。

あなたを助けることができる相手に対してだけ、快く接すればいいというものではない。

そのようにしようとする人は、相変わらず最低限の努力で済まそうとしている。天地宇宙をごまかそうとしている。しかし、それは不可能な相談なのだ。

出会うすべての人に対して愛想よく接するようにしなければならない。家族にも明るい顔をしよう。昼食を出してくれるウエイターやウエートレスに対しても親切でいよう。名前で呼ぶようにしよう。「お元気ですか」と訊《き》くようにしよう。

あなたに対して意地悪をしている人に対しても親切でいよう。

ほかの人が嫌がる作業を快く引き受けよう。

上司の所に決して問題を持ちかけるようなことはしない。上司に問題を持って行って、それを解決してくれるように頼んだところで価値がない。その代わり、問題解決を上司の所に持って行くようにしよう。

次のように言う。

「問題が発生しています。そこで、対処策を二つ考えてきました。この進め方について、ご意見をいただきたいと思っています」

問題解決の一部になっていなければ、あなたは上司にとって問題の一部である。そして、問題にお金をかけたいという上司は、おおよそいないものだ。逆境に遭っていても、陽気でいられることは偉大なリーダーの証である。裕福になると望むならば、この陽気な態度を養うようにしよう。

お金は幸せな人の懐中に流れ込むのだ。

もらうより与える

この「特定の方法」の最後の要素は、もらう価値以上の価値を人に与えるということである。

他人があなたと接することで、損したとか、騙《だま》されたとかいう気持ちにさせてはならない。あなたの名声を、小さな貨幣何枚かと引き換えてはいけない。それよりはるかに高価なものである。

・日本の偉大な経営者である松下幸之助が、この辺りの感覚について次のように書き記した。

「自分のもらいたい分の十倍の価値を出すように」

そんな発想を持つ彼は、九十四歳で亡くなられたとき、3千億円に上る財産を遺し、作り上げた会社の年間売上は4兆円を超えるものになっていた。

・私の知っているある経営者は、顧客が不満足を表した商品の代金は全額を返金するようにしている。

その方針に切り替えてから十二か月経ったところ、彼の会社の売上の80％が口コミで入ってくるようになり、営業部隊は新規見込み顧客を探す必要性がすべてなくなっていた。

就職するその日に、上司に対して辞表を提出することで、あなたは自分の将来に大きな利益をもたらすことができる。

そこで、上司に次のように言う。

「私の提供する価値がもらっている賃金をはるかに上回るものになっていないと感じたら、いつでも無条件に私の雇用を終了することができます」

あなたの仕事を必要としていない会社に雇われることは、あなたにとっても、あなたの運命にとっても、何の利益にもならない。法的な理由であなたを解雇できないからといって、あなたはそこで働き続ける権利があることにはならない。

人間としての尊厳は、価値を生み出す決意からくるものであり、他の方法で決して得られるものではない。

受け取る富は、与える価値の結果である。

今すぐ行動せよ。

自分の基準を引き上げよう。ひとつひとつの行動を優秀に実践せよ。すべての行動を元気よく、笑顔でこなそう。そして、自分の与える価値はもらう価値をはるかに上回るように確認せよ。

この特定の方法に沿って行動する人の所に富は必ず惹き付けられる。そして、そのようにしているあなたの所に富は必ずやって来るのだ。

特定の方法を実践するとき、富は確実にあなたの所にやって来る。

上には、いつでも空きがある

この特定の方法を実践する人に与えられる機会を示すひとつの物語を分かち合いたい。

このストーリーは偉大な教育者、ポール・ダンから聞かされたものである。

あるスーパーマーケットチェーンが新しい店舗を開店したばかりのときだった。

何十人と新しい店員を採用した。レジ係、棚の陳列、在庫管理、仕入れの担当などなど。

採用のプロセスを終了した直後、ある青年が店に入ってきて、マネージャーに声をかけた。

「採用してほしいのですが」

「あいにくだが、もう募集は終わりました」とマネージャーが返答した。

ほとんどの人はそこで諦めることだろう。しかし、この坊やはお金を惹き付ける特定の方法を知っていたし、それを実践に移した。

彼はマネージャーに向かって言った。

「しかし、あなたが必要としているものを、私は持っていますよ」

マネージャーは疑心暗鬼であった。このような人生経験のない、たいした教育も受けていない若造が自分の必要とするいったいどんなものを持っていると言うのだろう。

「ふ〜ん。で、君が持っていて僕が必要とするものは、いったい何だい？」

「サービス」と坊やが答えた。

「私はサービスを持っています。あなたはそれを必要としています。この店が成功するか、失敗するかは、すべてがお客様に提供するサービスにかかっています。一週間でも私を使ってみてください。給料などを払う必要はありません。その一週間が終わった時点で、100%私の仕事に満足していなければ、そのようにおっしゃっていただければ、もうあなたを悩ましはしません」

その坊やは即採用された。

一週間後、マネージャーはこの坊やの賃金を引き上げ、代わりにほかの青年二人を解雇した。

最初の日から、この坊やは火が付いているように働いた。老婦人の荷物運びを手伝ってあげた。走り回って、お客様の探している品物を運んできたり、上の棚にある品物を取ってあげたりした。店をきれいな状態に保てるように掃除もした。

簡単にいってしまえば、お客様を喜ばすために必死に働いたのだった。

数か月経過したところで、そのチェーンは近くにもう一店舗を開店する運びとなった。

誰がその支店長に選ばれたと思うだろうか。

仕事の種類や職種が問題ではない。
周囲の環境が問題ではない。
教育のレベルが問題ではない。
持っている人脈が問題ではない。
これらのいずれも問題ではないのだ。
富を惹き付ける「特定の方法」を実践するかどうかが問題なのである。

ステップ9：就職

富の始まり

ほとんどの人は機会を逃してしまう。それは、仕事のように見えてしまうからである。

トーマス・エジソン

あなたの人生の仕事は何であれ、それを優秀にやるようにせよ。今生きている人でも、すでにこの世を去った人でも、これから生まれてくるであろうという人でも、あなた以上にうまくそれができないように、自分の仕事に励むべきだと思う。

マーティン・ルーサー・キング牧師

就職は簡単だ！

仕事を手に入れることは簡単である。どこの会社の社長にでも訊いてみてごらんなさい。彼らは答えてくれるに違いない。

「難しいのは、仕事を見つけることではなくて、仕事がきちんとできる人間を探し出すことだ」

ある会社の社長はウォール・ストリート・ジャーナルに一ページの広告を打った。そこに書いたのは、次の簡潔な一文であった。

「文字が読める人を求む！」

簡単な指示を読んで、それを確実に実行に移す従業員をどうしても見つけることができなかったのである。

ちゃんと仕事ができる人を探すことはあまりにも難しいので、『ガルシアへの手紙』と題された小冊子は百年前に四千万部が印刷され、その後、世界中の言語に翻訳されている。

そこには、アメリカ合衆国大統領から、キューバのジャングルに隠れていたガルシアにメッセージを届けるようにと頼まれ、淡々とそれを届けに行った男の物語が綴《つづ》ってある。

彼は「ガルシアは今どこ？」と訊かなかった。

彼は「どうやってやるの？」と訊かなかった。

彼は「それってほかの人の仕事じゃないのか」と言わなかった。

彼は「それは、私の雇用契約の範囲に入っていないよ」とも言わなかった。

彼は、メッセージを受け取って、相手に届けたまでである。

前述した特定かつ確かな方法を実践に移す用意がある人なら、どのような経済状況におかれても、何の苦労もなく、仕事に就くことができるはずである。

どのような経済環境におかれても、仕事に就くことは簡単である。

ここで、どんな難しい経済環境におかれても、引く手あまたになるための七つの原則を紹介しよう。

1　身の装いを大切にせよ。清潔感を保ち、自分の服装を正し、言葉づかいに注意せよ。

2　サービスの姿勢を常に心得て、あなたがもらう価値以上の価値を人に与える決意を示そう。

3　ほかの人の嫌がる仕事を快く引き受けよう。

4　大きいことを任されたいと言う前に、小さいことを優秀にこなそう。

5　常に新しいスキルを身に付けるように努力し、自分の安心領域を超えた事柄に挑戦せよ。

6　忠誠心の原則を実行せよ。ほかの人を脅したり、あなたとの関係を持ったがために、損したというイメージを絶対に与えてはならない。

7　自分の雇用のリスクを自分で負うことにより、雇用主の不安を解消せよ。業績ベースの報酬をいつでも歓迎せよ。

これらの七つの法則を実践するようにすれば、仕事を探すことには一切苦労しないだろう。そして、やがて自分の望む条件はすべて相手に受け入れてもらえるような「人財」に変身することだろう。

人罪と呼ぶべき人がいっぱいいる。給料泥棒というわけだ。**人在**もいっぱいいる。そこにいるだけの人だ。**人材**も見つけやすいだろう。磨けば何とかものになるかもしれないという人だ。しかし**人財**、すぐ役に立って、サービス精神に徹し、優秀に仕事をこなす人は、地球上最大の希少価値を発揮する資源であるのだ。

純金よりも高価で、それ以上に探し出しにくいものである。

よい人財は、地球上最もレアな資源なのだ。

あなたに向く仕事というもの

会社などに就職することでは大金持ちにならないにしても、仕事に就くことは資産形成の始まりになることだろう。

仕事に就くことで、さまざまなビジネスの運営方法を学ぶことができる。

仕事を通して、自分の成功をサポートしてくれる人たちに出会うことができる。

より大きな富を生み出すアイデアを育てる間、仕事を通して自分の家族を養うことができる。

仕事を通して、ビジネスや投資の元手になる資金を貯めることもできる。

仕事は、**受け取りの法則**の大切な一面を担い、社会との多くのつながりを構築し、予測できない形で富があなたの元に流れ込むきっかけを作り出す。

そして、ほとんどの人は人生のどこかの時点で仕事を持つので、この大切な側面を少し掘り下げる必要があるだろう。

仕事に就くことは、富への第一歩である。

さて、どのように仕事を選べばいいのだろうか。

そこで最も大切な原則は、もらえる賃金で仕事を選ばないということである！

初めてこれを聞くと、違和感を感じるだろうが、これは裕福になる最も大切な原則のひとつといえよう。

1　何を学べるかで仕事を選ぶ。
2　どのような人たちと一緒に仕事ができるかで、仕事を選ぶ。
3　自分の能力をフルに発揮し、最高の品質やサービスを提供できる仕事を選ぶ。

それだけ、簡単なことだ。

毎日、何かを学び、素晴らしい人たちに囲まれ、顧客に対して最高の質のものを提供できていれば、仕事はあなたにとっての喜びとなり、毎日「富」へ近づくことになるだろう。

愛する仕事を選べば、一生涯仕事をしなくても済むのだ。


何を学べるか。

誰と一緒に仕事ができるか。

何を優秀にできるか。

会社で最も給料の高い人

ある人は、ほかの人よりも多くの収入を得る。これは一目瞭然の真理である。そこで、ある質問が自然に湧いてくる。「なぜそうなるのだろうか」ということだ。どのようにすれば、仕事から大きな収入を得ることができるのだろうか。どのようなビジネスにおいても、最も大きな金銭的な酬《むく》いを得るのは、次のどれかである。

1 そのビジネスの「金銭的リスク」または「法的リスク」を背負う人。
2 最も「困難な意思決定」を行なう人。
3 そのビジネスにとって「最も大切な関係」を構築し、またはそれを維持する人。
4 そのビジネスを行なう上で「欠かすことのできない技術またはスキル」を持っている人。

このことを理解していれば、組織における自分のバリューを高め、自分の収入を劇的に改善できるようになるはずだ。

まず、技術的スキルを勉強し、身に付ける。そのビジネスを営む上で最も大切なもので、ほかの人が持っていないものに集中するといいだろう。

次は、その会社にとって大切な関係の構築に努めるといいだろう。お客様、資本提供者、仕入れ先、大切な従業員などを考える。

また、難しい意思決定を進んで行なうようにしよう。難しい意思決定を下し、それを実行に移せる人のためには、必ずトップに席が空いている。

そして、最終的に、そのビジネスのリスクを負うようにしよう。

最も大きなリスクがある所に、最も大きな酬いが伴う。

ほとんどの人は平凡な貢献に対して、大きな賃金を望む。関係を作らず、難しい判断をせず、リスクを負わずに裕福になることを願うだろう。

しかし、世界はそのような仕組みにはなっていない。

会社のニーズを満たせば、自分のニーズが満たされる。

高く買われる場所に行く

仕事に関して学ぶべき最後の教訓は、自分が高く買われる場所に行くということである。

正しい才能が間違った場所にいれば、価値はない。

あなたの持っているものを必要としている会社、業界を探すようにしよう。

あなたの個性や才能を大きく買ってくれるチームを探そう。

これは時間がかかるかもしれないが、仕事における満足と得られる酬いを百倍にしてくれるに違いない。

そして、ここで忘れてはならないことは、ほかの人にも価値をおくということである。

ほかの人に価値をおかずして、自分だけに価値がおかれると思うことは非現実的である。

相違点にも価値をおこう。

あなたと同じ意見を持っている人がいれば、ひとりは余分といえるのではないだろうか。

いずれにしても、あなたの最も素晴らしい才能が中国語を話す能力であれば、インディアナ州の田舎に留まるよりも、香港などに行った方が大きく報われることだろう。

大きなプレッシャーがかかっている中で素早い意思決定に優れていれば、のんびりとした農場よりもニューヨークの証券会社にとっては大きな価値があるかもしれない。

人と話すのがうまいのなら、経理部よりも営業部に向いているかもしれない。

富は作り出す価値の結果であり、その価値は自分のいる場所に直接関係している。

世界における自分の位置を探そう。

ステップ10：想像力

無限の価値の泉

想像力は知識よりも偉大である。

アルバート・アインシュタイン

世界が何を必要としているかを考えるな。自分を生き生きさせるものは何か、それを考え、そして実行しなさい。なぜなら、世界が必要としているのは、生き生きしている人たちだからである。

ハワード・サーマン

想像力は現実との戦いにおいて唯一使用できる武器である。

ジュールス・デ・ガルティア

お金の真相

お金とは、自分の作り出した価値と自分の消費した価値の差額を**情報化**したものである。

昔は、お金は物的な姿をとっており、金や、でっかい円石を利用していたが、今はただの情報でしかない。

社会に貢献するとき、社会はその酬いとして、その価値の金額を紙幣や銀行残高として記録する。

そして、将来自分が価値を消費したいと思ったとき、それを減額させることができるのだ。

そうすることによって、価値創造と価値消費は別の時と別の場所で行なうことができるようにしている。

お金ができる以前の時代を考えてみよう。その時代においては、**価値の提供と価**

値の享受は同時に行なう必要があった。

一頭の牛を、ジャガイモ二十個と槍《やり》一本で交換できたかもしれない。しかし、ちょうど同じ価値があって、交換してもいいと思うものがそろっていなければ、取引は成立しない。

お金を介在させることで、自分の都合のいい日にち、時間、場所で、同等な価値を享受できる。

政府は、**マネーサプライ**（流通しているお金の量）を無責任に増やすことにより、あなたの手元にあるお金の価値を減らすことができる。そうすれば、あなたは自分の提供した分の価値を消費できなくなる。これは**インフレ**といって、経済における唯一の悪といっても過言ではない（インフレとは、自分のニーズを満たしてくれた人たちに同等な価値を提供してあげる約束を破ることになる）。

バブルとその崩壊のサイクルは、このインフレの結果である。土地その他の生活に必要な物資の価格高騰が起きているにもかかわらず、政府や中央銀行が低金利を維持し、マネーサプライを増やし続けでもしない限り、まず起こり得ない。

しかし政府が責任を持って、マネーサプライの管理をきちんと行なっている限り、あなたは将来、自分の選ぶ場所とタイミングで相応な価値を受け取ることができるのだ（実をいうと、経済管理がちゃんとできていれば、インフレを上回る**利息**も受け取ることができる。これは、価値をもらう前に、先に価値を提供する酬いであり、健全な経済の目印になる）。

いずれにせよ、少しでも考えればすぐ分かることは、富は価値創造の結果であり、その源はほかに存在しない。

お金とは、社会のために作り出した価値を情報化したもの。

価値創造の五つの形

人のために作り出す価値は五つの形をとる：**商品、サービス、情報、経験、感情**である。

「**商品**」は、人が生活を改善するために使う物的な物である。食料、住宅、家具、コンピューターなどがいい例になるだろう。

それに対して「**サービス**」は、ほかの人のためにやってあげることである。庭の手入れ、食事の用意、マッサージなどを考えれば、すぐに理解できる。

「**情報**」とは、ある企業の現在の株価といった役立つデータや、売上を増加させる方法あるいは金属を溶接させる手法といった知識である。

「**経験**」は、その瞬間において楽しみ、将来のいい思い出になるものであり、ハワイでのバカンスや、ジャングルの中で象に乗るなど、例はたくさんある。

「**感情**」は、何かを購入する最終的な理由である。いい気持ちになりたい。この感情を直接提供することもあるが、通常は、他の商品、サービス、情報、経験と一緒に得られるものである。そして、その得られる感情の度合いこそが、我々が払ってもいいと思う価格を決定付けることになる。

従って、**無限の価値の泉**は、他人が消費する商品、サービス、情報、経験、感情を想像し、作り出し、提供する私たちの能力にある。

想像力と思いの力はすべての価値の源であり、価値は無限の富の泉であるのだ。

あなたの想像力は、無限の商品、サービス、情報、経験、感情を作り出すことができる。

1億ドルの質問

今すぐ、人のためにあなたの作り出せる価値を想像し始めてください。

簡単なものかもしれないし、複雑なものもあるかもしれない。

ひとりで作り出すものもあっていいし、多くの人と協力して作り出すものもあっていいだろう。

安価なものもあるだろうし、高価なものもあるだろう。
商品、サービス、情報、経験、感情などを考えるといいだろう。
他人のために、あなたの提供してあげたい価値は何か。

どのような業界でも裕福になれるだろうし、どこに住んでいても裕福になれるはずである。

しかし、**自分の好きなこと**をやっていることの方が、成功できる確率は大きく向上することだろう。

私の親友のマーク・ビクター・ハンセンとロバート・アレンが、**1億ドルの質問**というものを提案している。

「今1億ドル（百億円）を持っていたら、毎日何をするか」

という質問である。

つまり、お金を得るニーズはまったく持っていなかったら、何をしていたいのか、ということだ。

・タイガー・ウッズはゴルフをするだろう。
・ウォーレン・バフェットは、優れた会社を探し出し、それを買い続けるだろう。
・スティーブ・ジョブズは、次の技術を最高に格好よく世界に送り出していることだろう。

あなたのそれに相応する情熱は何だろうか。

自分の情熱を生きる。

ウォーレン・バフェットは、次のように表現している。

私と同じ立場、つまりお金はまったく意味がなかったとしたら、どうするかを考え、それをするようにお勧めしたい。七十九歳になった今、毎日仕事をしている。それは世界のほかのどのことよりもしたいと思っているからこそやっているのだ。

人生の早い時点で、その理想に近づけば近づくほど、人生は楽しいものとなり、そして成功するに違いない。

提供する**価値の内容**を考えたら、次は**場所**を考えることも大切だろう。エアコンは暖かい場所でよく売れるだろうし、公共交通施設は、人口の多い都会でよく売れることだろう。

自分の情熱を追求するために、場所を変える必要があれば、それは簡単にできる時代に生きているのだ。

上記した簡単な条件を考えた上で、どの分野でも、どこであっても成功できるはずである。

どの分野においても、新しい価値を作り出すアイデアを打ち出すことができる。

不満足の力

新しいアイデアを作り出す上で、最も役立つものは**自分の不満足**である。

事実、ほとんどの起業家が会社を作るのは、何かを見て「それはもっとうまくできるよ！」と言ってするのだ。

今現在、あなたは何に対して不満足を抱いているのだろうか。

現在、あなたは消費するどのような商品、サービス、情報、経験に不満足を抱いているだろうか。または自分のニーズ、要望、期待、望みを満たしていないものは何だろうか。

黄金律はまさに黄金である！

自分のためにやってほしいことを、他人のためにやってあげれば、それで大富豪になれる。

ウォルト・ディズニーは当時の遊園地に不満足だった。それはすべて、子供向けに作られていて、一緒に行く大人たちが楽しいと思うことはまずなかった。そこで、大人と子供の双方が楽しめる遊園地を想像し、ディズニーランドが誕生した。

黄金が欲しければ、黄金律を実施せよ！

もうひとつ、多くの機会がある領域というのは、**他人の不満足**である。

ある男性は、集合住宅を手に入れた。そのビルは古く、プールにもひびが入っていて、入居率はとても低く、赤字ばかりだった。

どうすればいいのか。

彼はその地域のほかのアパートを戸別訪問でまわり、そこの住人にひとつの質問をした。

「今住んでいるアパートの一番大きな問題点は何でしょうか」

最も頻繁に返ってきた答えは、彼をびっくりさせた。

「ペットが禁止されていること。猫を飼いたい」

彼は事務所に戻り、テナント規約を書き直し「テナント全員、猫を飼っていなければならない」ということを条件付けた！

トラックで砂を運び、プールに入れて、世界一大きな猫のトイレにした。各部屋のドアに猫が自由に出入りできるペットドアを設置した。

そして、お金のほとんどかからないこの小さな変更で、入居率があっと言う間に100％を達成し、一攫千金《いっかく》を手に入れたのである。


現在の不満足を解消することは、将来の富の最も大きな根源である。

目の前に眠る大金

自分の身の周りにあるものも、多くのアイデアの元になる。

1926年に、アラン・アレクサンダー・ミルンは、自分の息子の縫いぐるみをキャラクターとしてのストーリーを書いた。主人公は、エドワードという名のクマだったが、後になって、そのクマは「プー」という名で知られるようになる。そのキャラクターが今となっては、毎年千億円単位の売上を記録している。

自分の持つ専門的な知識が商品になることもある。

あるインターネットマーケッターは、オウムに話し方を教える方法を説明する教材で大金持ちになった。

マーケティングの奇才ジェイ・エイブラハムが、シカゴのドライクリーニング店の経営者の話をしてくれた。

その人は、自分の持っているドライクリーニングのノウハウを、全国のドライクリーニングの経営者に月一回の会報誌で教えることにより、年間9億円の副収入を得た！　四千店のドライクリーニングの店が、シカゴで同じ業を営む彼のやり方を勉強するために、月200ドルを支払ってくれたのである。彼のしたことはといえば、すでに持っている知識を分かち合ったまでのことである。

ほかの人の価値提供を応援するというアイデアもある。

１９９６年、ビル・フィリップスはＥＡＳという会社に入社した。その会社は、ボディービルダー向けにマイオプレックスというサプリメントを販売していた。しかし、マーケティングがうまくいかず、売上は伸び悩んでいた。

そこで、ビルはあるコンペティションを提案した。このサプリを飲んで、九十日間で最も自分の身体を改造できた人に、高級スポーツカーをプレゼントするというものだった。そのコンペのおかげで、商品は一夜にして有名になり、１９９９年に、ビルは自分の株を１億６千万ドルで手放した。

ほかの人のアイデアや才能を組織化させることにより、大きな価値を提供することもできる。

ジャック・キャンフィールドとマーク・ビクター・ハンセンは、ある本のアイデアを思い浮かべた。彼らのアイデアはとても簡単なものだった。有名な講演家たちに自分の持つベストストーリーを提供してもらい、それを一冊の本にまとめるというものだった。素晴らしい本になるだろうし、講演家たちにとっても知名度を高める機会になるだろう。

百社以上の出版社に拒否されたが、それでもアプローチをし続けた。

その本は大成功を収め、シリーズ化され、一億五千万部の売上を記録し、生きた著者としてはノンフィクションでナンバー1の発行部数になった。その名は、『こころのチキンスープ』。

一時的な流行ものもある。

1975年に、ガリー・ドールは、ペットロックという名の商品を売り出した。そう、ペットロック。ただの石ころを段ボール箱にわらと一緒に入れ、箱に「ペットロック」という商号を印刷した。

半年後にブームが去るまで、何百万個のペットロックを3ドル95セントの価格で販売した。

ほかの人をつなぐだけでも大きな価値を生み出すことができる。

それは1980年のことだった。IBM社はオペレーティングシステムを探していた。コンピューターのハードを売る会社は、ソフトの開発を独自でしたくなかったのである。

若きビル・ゲイツはその悩みを聞いて、即答した。

「問題を解決してあげよう」

彼は、オペレーティングシステムを持っている会社を探しに出かけた。そこで、DOSという名のOSを開発していたシアトル・コンピューター・プロダクツという会社に出会った。

ゲイツは5万ドルで、そのソフトの権利を買い取り、それをIBM社に提供し始めた。

こうしてマイクロソフト社が誕生した。


価値を提供する機会が毎日現れる。

決定的瞬間

今すぐに考え始めてください。

あなたのできることで、100円の価値があるものは何か。

あなたの作れるもの、できること、知っていること、組織化できるもので100円の価値があるものは何か。

必ずある。

ほかの人の生活に100円の価値を提供することは、おそらく誰にでもできることだろう。

いや、100円の価値を提供する方法はひとつではなく、十個でもすぐ打ち出せるに違いない。

それを今すぐ書き留めてみるといい。

それから、レベルアップを図ってみよう。

自分のできることで1千円の価値があるものは何か。

自分のできることで1万円の価値があるものは何か。

自分のできることで10万円の価値があるものは何か。

そして、最後に、自分のできることで、他人、会社、その他の組織にとって、

100万円の価値があるものは何か。


想像力を発揮し、思いを暴走させてみよう。

自分の今不満足に思っているものは何か。

周囲の人たちが不満足に思っているものは何か。

商品、サービス、情報、経験、感情をすべて考えてみよう。

旅行は世界最大の産業なのだ。自動車産業よりも大きい。コンピューターよりも大きい。

人は毎日退屈を感じている。

そう感じている人のためにどのような経験を提供してあげられるだろうか。

あなたの持っている知識にはどのようなものがあるだろうか。


ビンセント・ディ・デメニコは、家族のレシピを商品化した「ライス・ア・ローニ」で3億ドルを稼いだ。

想像力を発揮する最もいい方法は、**身体を動かすこと**である。行き詰まっていれば、ジョギングに出かける、温かい風呂に入る、あるいはマッサージを受けるといいだろう。

朝目覚めた瞬間にも、さまざまなアイデアが湧いてくるだろう。旅したり、店に行ったり、博物館を訪れたり、画廊をまわったりするのも、想像力をかき立てるいい方法だろう。

湧いてきたアイデアを書き留めるための**ノート**を必ず手元に置くようにしよう。決定的瞬間が今ここにあるのだ。

アイデアを書き留めるためのノートを持つようにしよう。

広まるアイデアが勝つ

人のために価値を作り出すことに集中し始めるとき、あなたは無限の英知からインスピレーションを受けて、地上にいいアイデアを呼び降ろす避雷針になる。

人間の希望が静電気と同じように、普遍の物質の中に蓄積される。そして、やがて、富を作り出すマスターマインド的な存在がそれをアイデアとして受け取り、それを商品、サービス、情報、経験、感情に換え、他人にそれを分け与える。


新しい価値創造のアイデアを受けたとき、それを周りの人たちに紹介し、人が共鳴してくれるものであるかどうかを確認しよう。

ほかの人はそのアイデアに共感してくれるだろうか。

それに興味を示してくれるだろうか。

それに興奮するだろうか。

それを聞いて、腰を抜かすだろうか。

これらはすべていいサインになる。

自分のアイデアは人の興味と関心を惹くものでなければならない。

いや、彼らの情熱をかき立てるものであるべきなのだ。

マーケティングの天才、セス・ゴーディンは次のように表現している。

「広まるアイデアが勝つのだ！」

自分のアイデアは大切なもので、人の関心を惹くもので、ほかに例を見ない価値を、ほかに例を見ない方法で解決していれば、次のステップに進むべきだろう。

しかし、そのアイデアが冴《さ》えておらず、人の興味と関心を惹かない、誰も大事に思っていない問題しか解決していない場合、新しいアイデアを仕入れておこう。

アイデアはただだ。

無料で手に入る富なのである。

新しいアイデアは無料である。

人の必要としているものに集中せよ

ここで思い起こしてほしい。富は価値からくる。そして、価値は人のニーズからくるものである。

人は住居、食料、衣類、レクリエーション、交通手段、エネルギー、セキュリティー、金融サービス、通信、生活をより送りやすくするための機器を必要としている。

より多くの人が必要としているものであればあるほどに、それは大きなビジネスになり、それだけエキサイティングといえる。

大きな形で人のニーズに応えること以上に、人生における醍醐味《だいごみ》はない。

・私のある知人は、土を運ぶことで30億円以上の富を手に入れている。そう、土だ！　世界のどこの建設現場でも、土を動かすニーズがある。それも大量にだ。この友人の会社は、一切仕事には困らない。

・私が通った技術高校では、溶接の授業があった。溶接の先生はロールスロイスを二台も所有していた。自分用一台と、奥さん用一台であった。ビル、船、車、重工業の機械のすべてが金属を使用しており、その金属を溶接でつなぐのだ。

・もうひとりの知人は、タクシー業で裕福になっている。多くの人々が毎日の交通手段としてタクシーを使用している。

今まで少数の人しか受けられなかった価値を大衆に提供することでも、巨大な富を作り出すことができる。

盛田昭夫がウォークマンを製造したとき、まさにそれができたといえる。音楽が皆のポケットに入るようにしたのである。

多くの人に仕えるようにすればするほど、裕福になる。

人に仕えることは人生の醍醐味である。

ステップ11：掛け算

数字のゲームに勝つ

> 最終的に数字のゲームに過ぎない。
>
> ロイス・クルーガー

望む数字の達成

手に入るお金は**「提供する価値×提供する回数」**で決まる。

となれば、価値とは何だろうか。

価値は、**値打ちの認識**に過ぎない。つまり、その人が認識してくれる値打ちが提供した商品やサービスの価値ということになる。

従って、あなたの作り出す富は**「値打ちの認識×その認識をしてくれる人たちの数」**で決まる。

100万円の財産を手に入れたいと思うのであれば、千人の人に1千円ずつ価値を認識してもらえばいい。あるいは、百人の人に1万円ずつの価値を認識してもらってもいい。

すべてが簡単な数学なのだ。

そして、この数式を解くことにより、いくらでもお金を作り出すことができる。

小さな数式で巨大な財産を築くことができる。

提供したい価値（商品、サービス、情報、経験など）を決めたら、次はどの価格で提供し、そしてどれほどの人たち、または組織にそれを提供したいのかを考え始めなければならない。

ある人はその値打ちを認識してくれるだろうし、別の人はそれを認識してくれないこともあるだろう。ひとりの顧客を確保するために、十人にアプローチをする必要があるかもしれない。しかし、この比率がいったん分かったら、自分の望む金額を手に入れるために、どのくらいの人にその商品またはサービスを提案しなければならないのかが同時に分かる。

優秀な営業マンは、かけるひとつひとつの電話に価値があると認識している。十人の見込み顧客に電話をかけ、1万円の営業コミッションをもらう売上を立たせることができれば、電話ひとつひとつに1千円の価値があるということだ。

相手が「イエス」と言おうが、「ノー」と答えようが、その価値は1千円なのである。

お客様が「ノー」と答えたら、あなたは、心から「ありがとうございます」と言うだろう。そして、自分は今1千円を稼いだと確信する。

ひとつひとつの電話の価値が分かれば、自分の稼ぎたい金額を打ち出し、それに相応な活動をすることで、その金額は入手できるというわけだ。

十分な数の人に十分な価値を提供すれば、大金持ちになる。

さて、ここで10万円を稼いでみよう。

・人の家の前の芝を刈るビジネスをスタートしているとしよう。そして、一軒当たり2500円でそのサービスを提供する。目標を達成するために、四十軒を刈ればいい。

・経歴書の書き方を教えるセミナーを開催しているとしよう。そして、セミナーのチケットはひとり1万円に価格設定をしているとしよう。目標を達成するためには、十人に参加してもらえばいいのだ。

・不動産販売の仕事をしていて、自分の営業手数料が売った家の5%になっていたら、目標を達成するために、200万円分の不動産を販売すれば、それで足りる。

簡単な数式であるが、実際にこの掛け算を試みて、どのくらいの活動が必要なのかを打ち出すことはとても肝心である。

基準の引き上げ

この簡単な数式の結果を改善する方法は三つしかない。

1　提供する価値を増やす。
2　売り込む相手の数を増やす。
3　その人たちの購入してくれる頻度を増やす。

例で考えてみよう。

芝刈りをしていて、二十人しか顧客がいないとしよう。目標にはまだ到達していない。しかし、その芝を二回ずつ刈るようにすれば「10万円を稼ぐ」という目標を達成できる。

今すぐに、自分の**提供する価値を増やす**方法も考えてみよう。

たとえば、芝を刈ることに加えて、雑草を取り除き、庭をきれいにしておくというサービスも提供できるだろう。そして、それを2500円で提供するとしよう。そうすれば、顧客ひとり当たりの売上が5千円になる。

月二回、十人の顧客にこのサービスを提供すれば、自分の目標は達成される。

もし、ターゲット市場が限られていれば、提供する価値を増やす方法を探すことはそれだけ大切なことになる。


その価値を**提供する相手を増やす**方法も考えるといいだろう。

たとえば、芝刈りを最も必要としている場所は公園だということに気が付くかもしれない。そして、市に対して、そのサービスを提供する見積もりを出すかもしれないし、あるいは、すでにその仕事を請け負っている会社の外注先として働くことを提案しに行くかもしれない。

ゴルフ場に対しても同じことが考えられるだろう。

あるいは、新しい近所や町でそのサービスを売り始めることもできるだろう。

芝のある所であれば、それはあなたの市場になるのだ。

そして最後に、すでにお客様になってくれている人たちに**もっと頻繁に買ってもらう**方法を考える。

ジェイ・エイブラハムによれば、これをする最も簡単な方法は、**お客様の信頼するアドバイザー**になることだ。そして、どの頻度でその商品やサービスを購入すべきかを提案してあげるのだ。

びっくりするかもしれないが、あなたはお客様に対して購買頻度を指導できる。

・たとえば、お客様に対して「最も美しい家というのは、一週間に一度庭の手入れをしている」というふうに教えてあげることができる。

お客様がその助言を聞き入れてくれれば、月五人のお客様にサービスを提供するだけで、目標を達成することになり、そして彼らの家がどれほど美しくなっているのかを見込み顧客に示すことができるし、また彼らがあなたの仕事の最大の広告塔になることだろう。

・もし自動車整備の仕事をしていれば、車の点検の時期などをお客様に教えてあげることができるだろう。そして定期点検をすることにより、どのように故障を防ぎ、どのように車の維持費用を削減できるかを教えてあげることもできるだろう。

・パソコンなどを販売していれば、お客様の購入している機材の有用なライフサイクルを知らせ、買い替えの時期を指導できることだろう。新規技術の発展により、ほとんどの人が十八か月から二十四か月のサイクルでコンピューターを買い替えるべきだろう。

もうひとつ購買の頻度を高める方法は、定期的に新しい商品やサービスをお客様に提案することである。

自分の仕える既存の顧客に対して、少なくても六十日に一回、新しい何かを提案する習慣を身に付けるようにしよう。

この簡単な習慣が、価値を提供する機会を倍増させ、大金持ちになる可能性をそれだけ増やすことになる。

・人にコンピューターを販売したのであれば、その人の役に立つ新しいソフトウエアが発売されたときに、お知らせすることができる。

・相手が教育を購入していれば、スキルをさらに定着させるためのフォローコースを売ってあげるといいだろう。

・もし、野球の試合を見るチケットを購入してくれていれば、シーズンチケットを提案できるだろうし、またはチームジャージー、そのシーズンの年間アルバムなど、さまざまなグッズを提案できるはずである。

新しい価値を提供し、相手の購買頻度を増やす機会は無限にある。

より多くの顧客に対して、
より大きな価値を提供し、
それをより頻繁に提供してあげることは、

無限の富の数式なのである。

億万長者の数式を解く

自分の提供する価値を理解するために、今すぐ計算をやり始めよう。

どのような価値を提供しようと思っているのか。
いくらくらいの**価格**でそれを提供しようと考えているのか。
どれほどの**数**の相手に提供したいと計画しているのか。
どのくらいの**頻度**で買ってもらおうと思っているのか。

そして、上記を改善する方法も考えよう。

それから、実際にその価値を提供し始めよう！
これが肝心な鍵といえる。

ある一定の価値を提供し、複数回それを提供することに魔法がある。
これは**複製の法則**と呼ばれる。
複製できる価値は、何回でも複製できるのだ。

複製の法則を活用せよ！

自分の計画は窓を清掃することで、一回当たり1千円で提供し、そして、十人のためにそれをやってあげようと思っていれば、実際に今すぐ十人のためにそのサービスを提供してみよう。

今すぐに始めよう！

金額が小さいということは問題ではない。
その金額が今直面している問題を解決するに足らないということも問題でない。
千里の道も一歩からだ。そして、億万長者への第一歩は価値を複製させることであるのだ。

このプロセスをいったん始めてしまえば、さまざまな形で何回でも応用できる。そして、改善できる。

より大きな価値になる商品やサービスを考え出すことができるだろう。

より多くの人にとって魅力のある、より低い価格の商品やサービスも考えられるだろう。

より多くの人にその商品やサービスを提案できるだろう。

お客様に対して購買頻度についてのアドバイスができるだろう。

すでに提供している価値のほかに、さらに提案する価値も生み出すことができるだろう。

そして、最も大切なことは、既存のお客様が彼らのさらなるニーズについて教えてくれるということだ。

・コンピューターを販売していれば、お客様がソフトウエアを開発するアイデアもくれるだろうし、あるいは必要な教育やメンテナンスについての要望も教えてくれるだろう。

・教育業を営んでいれば、生徒たちが勉強で苦労していることは何なのかを教えてくれるだろう。

すでにお金を払ってくれているお客様からのフィードバックが、次のビッグ・アイデアを打ち出す源となり、そのアイデアを複製させる原動力になる。

お客様が億万長者になる方法を教えてくれる。

すべてが数字のゲームに過ぎない。そして、そのゲームは簡単に勝てる。秘訣《ひけつ》は今すぐ、そのゲームをやり始めることである。

ステップ12：セールス

百発百中の営業手法

失敗する人がひとりの人を訪問する計画を立てている間、私は自分の商品を購入できる人十人を訪問する。

オグ・マンディーノ

提案書を書くのを止めよう。確認書を書くようにしよう。

マハン・カルサー

ほとんどの人は、一回おずおず頼んでみて、すぐ諦めてしまう。諦めが早すぎる。欲しい答えを得るまで頼み続けよう。セールスでは、「イエス」と言われるまで、四、五回「ノー」と言われるのは常である。

ジャック・キャンフィールド

価値ある誘い

セールスとは、自分の提供しようとする価値を、受け入れるか、優雅に断るか、そのどちらかを選ぶことができるところまで相手を連れて行くプロセスである。

セールスとは、価値を受け入れるようにお誘いをすることである。

天地宇宙に対して、望む富をくれるように頼む必要があるのと同じように、他人に対しても、我々の望みを叶《かな》えてくれるように頼むようにしなければならない。

ある若い男性が、自分の作った会社を売却しようとしていたときのことである。交渉が大詰めに入り、ほぼ合意に達していた。朝、この「頼んでみる」という原則について考えながら目を覚ました。そこで、すぐに電話の受話器を手に取り、相手先企業の経営者に電話をかけた。

「先日話し合った条件でほぼ大丈夫だと思います。あと２１００万円を上乗せしてもらえれば、契約ができるでしょう」

電話口の向こうで、少しの沈黙を挟んで、

「そうしましょう」という返事が返ってきた。

２１００万円を手に入れるために必要な行動は、電話を手に取り、そのお金をくれるように要求するだけだった。

セールスは、それと同じである。注文を取るためには、注文を依頼しなければならない。

自分の提供する価値を受け入れてもらうように、その価値を受け取るようにお誘いをしなければならないのだ。


自分の提供したい価値を受け取るように、お誘いをしなければならない。

千億円を売り上げる八ステップのプロセス

セールスはプロセスであり、それを成功させるために明確なルールがある。

今まで、自分のことを営業マンだと思ったことはないかもしれない。しかし、**セールスは「自分の提供する価値を受け取るかどうかの意思決定ができるところまで連れて行く」**ということであるならば、我々は常にセールスをしているといえるだろう。

ここで、あなたに**八つのステップ**から構成される**営業のプロセス**を紹介したい。このプロセスは、世界中の営業のプロによって使用され、彼らはこれを使って文字通りに何千億円の商品とサービスを売り上げている。

この簡単で簡潔なプロセスは、歴史上のほかのどの手法よりも、はるかに多くの人たちに価値を受け取るように説得したものである。

このプロセスを忠実に実行していけば、あなたはほかの人たちに無限の価値を提供できるようになり、無限の富を手に入れることになるだろう。

もう一度思い起こしてほしい。セールスは、ほかの人を意思決定ができるところまで連れて行き、私たちの提供する価値を受け取るようにお誘いをすることである。従って、我々が提供しようとする商品やサービスが価値のあるものになっていれば、セールスをすることに対していささかも躊躇する必要はない。

提供する商品やサービスに大きな価値があれば、セールスは簡単である。

ステップ1　見込み顧客のリストを作成し、常にそれを携帯する

成功する営業の第一のステップは自分の商品やサービスを必要とする人や組織をリストアップしてみることである。

これを手で書き出してもいいし、パソコンに打ち込み、印字してもいい。

そして、このリストが出来上がれば、それを常に携帯しなければならない。

この見込み顧客たちについて考えなければならない。自分の提供する商品やサービスを喜んで受け取っている姿を心の中に想像しなければならない。

これらの商品やサービスによって彼らの人生が潤っている姿も想像しなければならない。

そして、少しの時間でも手が空けば、このリストを取り出し、彼らに連絡をし、提供しようとしている価値について話し合う機会をくれるように依頼するようにしよう。

成功する営業マンは、このリストに最低でも五十名の名前を記載するようにしている。

自分の商品を購入できる見込み顧客五十名なのかもしれない。また、自分の会社に投資できる投資家五十名なのかもしれない。あるいは、自分のボランティア団体に時間を提供できる方々五十名のリストであってもいい。

ごく稀《まれ》な例で、市場がとても狭く、五十人または五十の組織は見込み顧客として持てないこともあるだろうが、これは極めてレアなケースといえるだろう。

私の出会った天才的な営業マンのひとりは、ディー・ホックという素敵な老紳士であった。彼の名前は知らないかもしれないが、彼の成功については知っているはずである。彼が人類の歴史における最大の商事業を打ち立てたからである。それはVISAカード。

ディーは競争マインドではなく、創造マインドを用いていた。

当時のクレジットカードというのは、すべて単独銀行によって発行され、小切手代わりに過ぎなかった。そして、残らず大幅な赤字であった。クレジットカードは成功の日を見ることなく、この世を去ろうとしていた。

そこでディーが協力に基づくシステムを考え出した。各銀行が共同のシステムに加入し、統一のブランドでクレジットカードを発行するというものだった。そして、発行元の銀行を問わず、全世界の小売店などにそのクレジットカードを受け入れるように奨励する、というまったく新しい発想だった。

唯一の問題は、これを成功させるために、各銀行にそれまでのクレジットカードを放棄し、この新しい実験に加わってもらわなければならないということだった。ディーが全米の銀行三千行を見込み客としてリストアップした。彼はこのセールスのプロセスをよく知っていた。

たったの六十日間で、これらの銀行すべてを訪問し、プレゼンテーションを行なった。

そして、その三千行すべてがＶＩＳＡカードのシステムに加入し、それからは周知の事実、大成功となった。

ステップ2　見込み顧客に会い、ラポールを作る

次のステップは、リストに載っている見込み顧客に直接または電話越しで会い、**ラポール**を確立することだ。

ラポールとは、簡単にいえば、**お互いに反応し合っている状態**であり、または**開かれたコミュニケーションが可能な雰囲気**である。

ラポールを作るためには、まず自分のことを紹介し、そのミーティングに対する自分の気持ちも表現するといいだろう。

これはすべての会話に当てはまるだろうが、営業現場においては、特に肝心といえよう。

「こんにちは。ジェームス・スキナーと申します。お会いする時間をさいていただき、心から感謝しております」

さらにラポールを築くために、いくつかの簡単な質問をするといいだろう。これは一般的なものであってもいいし、見込み客の事務所などから拾ってもいい。

「ゴルフをされるようですが、一番好きなコースはどちらですか」

「この写真はご家族ですか」

「待合室にかかっている絵画に見惚《みと》れてしまいました。あなたのコレクションなのですか」

通常は、そのような質問を二、三してから、本題に入る。

ステップ3　自分の企業を紹介し、目的を述べる

セールスプロセスにおける次のステップは、自分の会社や組織を紹介し、顧客のために提供している価値を明確に述べることである。

「本題に入りますが、私は世界旅行社の者です。私どもは、顧客の旅費削減をお手伝いさせていただいております」

この一文章はすべての見込み顧客に対して述べることになるので、それをできる限り磨くようにしたい。

「スタンダード保険と申しますが、当社では製造物責任のリスク回避サービスを提供しております」

「当社は米国証券と申しますが、クライアントに一般公開されていない投資案件を紹介することを専門に致しております」

「ゼネラル衛生社の営業を担当しておりますが、弊社はビル清掃サービスを全般的に請け負っております」

この文章で、提供している**中心的な価値**をはっきりと述べるようにしよう。

ステップ4 お客様のニーズを把握するための質問をする

この段階にくると、お客様にとって最も有用な商品やサービスは何か、または自分の提供できる商品やサービスをそもそも必要としているかどうかを明確にしなければならない。そして、そのためにいくつかの質問をしておく必要があるだろう。売っている商品やサービスの性質によって、質問の中身が違ってくる。

次のような質問が考えられるだろう。

「今利用されている商品やサービスに満足しておられますでしょうか」

「どのようなものをお探しですか」
「どういうものがあれば、興味をお持ちになりますか」
「仕入れ先を替えたいと思われるには、どういうふうになればいいのでしょうか」
「このような商品を購入されるとき、何を一番気になさいますか」

ステップ5　商品のプレゼンテーションをする

ここまでくれば、自分の提供する価値を紹介するときである。商品やサービスを紹介し、またその特徴、機能、メリット、コストなどを説明する。そして、今行なっているセール、キャンペーンなども教えてあげる。

このプレゼンテーションは繰り返し行なうもの（週五十回以上が目安になる）なので、それに磨きをかけて、毎日練習しよう。

このプレゼンテーションは紙ベース、またはパソコンのスライドに落とし込み、毎回同じ形で行なえるようにし、またはほかの営業スタッフにも伝達できるようにすべきである。

ステップ6　注文を依頼し、反発に対処する

さて、ここでは、その見込み顧客に、提供しようとしている商品やサービスを受け入れるようにお誘いをしなければならない。

これはソフトクローズで始めてもいいだろう。

「どうでしょう、興味はおありでしょうか」

答えが「イエス」であれば、その取引を実際に執り行なう詳細な話に入っていいだろう。

次のように訊く。

「どのように進めると、よいでしょうか」

あるいは、次のように説明してあげる。

「この新車を納車するために、次のような手続きが必要になります」

興味がないようであれば、それにも対処しなければならない。相手が欲しくないものを受け取るように圧力をかけるものではない。ここで大切なのは、引き続き相手が価値あるものを入手できるように手伝ってあげることである。

お客様に訊く。

「この商品に興味をお持ちいただくためには、どのようにならなければならないでしょうか」

そうすることにより、さらに情報を入手し、将来的にもこのお客様に対してより大きな価値を提供できるようになるはずである。

ステップ7 アップセール、サイドセール、ダウンセール、オンセール

最も優れた見込み顧客は、既存のお客様である。これはどの企業にでも当てはまる鉄則である。

クライアントが、商品を購入なさりたいという意思を示せば、これは**アップセール**の機会である。つまり、追加の商品、サービス、パッケージという形で、さらな

る価値を提案する機会なのだ。
人間の歴史上で最も成功した営業のセリフは、「お食事と一緒にお飲物はいかがですか」というものだった。

サイドセールもできる。つまり、同等な価値を持つ他の商品を紹介する。
「当社の提供する掃除のサービスを、御社のほかのビルで利用することは検討していただけますでしょうか」

顧客があなたの提供する商品やサービスを購入したくないと言った場合、より低い価値のものを受け入れるようにお誘いできる。これは**ダウンセール**という。それでは「今はセミナーに参加される時間がないということはよく分かりました。それではご自分のペースで勉強できる、同じ概念を紹介する本などはいかがですか」

どんなに小さくても、クライアントに何かしらの価値を受け取るように説得できれば、次の注文を受け取ることは、それだけ簡単になる。

「ここで購入に踏み込むのは、リスクが大きいというお気持ちはよく理解できます。それでは三十日間、無料で利用できるサンプルを納品させていただけますでしょうか。一回でも使用されれば、その価値は必ず確認していただけると思います」

そして、最後は、必ず**オンセール**すべきだろう。

つまり、扉を開けた状態にしておくということである。

「今日は時間を取っていただき、誠にありがとうございました。お客様のニーズをかなり理解できるようになりました。お客様のニーズにぴったり合うようなものがあったとき、またぜひ訪問させていただきたいと思います」

ステップ8　紹介を依頼する

既存顧客に次いで有効な見込み顧客は、**紹介**である。

心から満足しているお客様は、多くの場合、似たようなニーズを持っているほかの人を紹介してくれるだろう。

もう一度思い起こしてほしい。セールスとは、ただ単に自分の提供する価値を受け入れるようにお誘いをすることである。

できる限り、この紹介については、メールや電話越しではなく、面と向かって依頼すべきである。

「あなたのお知り合いの方で、当社の商品・サービスを必要とされているような方を紹介していただけますでしょうか」

誠心誠意、お客様のニーズに集中し、礼儀を尽くしていれば、あなたから商品を購入されていない相手でも、多くの紹介はくれる。

「今日はお忙しい中、貴重な時間をさいていただき、ありがとうございました。現時点で、当社の商品を必要とされていないのはよく分かりました。御社の中に、このようなニーズを持たれていそうな部署はほかにありますでしょうか」

我々は価値を提供することを業にしているから、多くの場合は、「○○部を紹介致しましょう」という返事になるだろう。

営業の成果を改善させる二十一の方法

ここで、あなたの営業成績を劇的に改善させる二十一のアイデアをあなたに提案したい。

1　多くの見込み顧客を持つようにする。多くの名前が載っている**見込み顧客のリスト**を持つことは、成功の始まりである。

2　**興奮**する。あなたが自分の提供するものに対してエキサイトしていなければ、お客様が興奮するはずがない。

3　**エゴはドアの外**に残す。最初から最後まで、自分自身や自分の望みではなく、相手や相手の希望に集中する。

4　売ることを止めて、**買う手伝い**をする。相手がすでに欲しいものを受け取るように説得することは難しくない。

5　自分の**身だしなみ**を大事にする。他人の尊敬を勝ち取る前に、自分自身をリスペクトしなければならない。

6　常に**礼儀**を尽くす。

7　**サービス精神**に徹する。お客様を助けるために自分ができることがあれば、それをする。

8　クライアントは、生活の上で、または商売の上で、さまざまなものを購入しなければならない。それをうまくできるように助けてあげるようにしよう。相手にとって、**最も信頼されるアドバイザー**になろう。競合相手の商品やサービスを購入することを勧めることになってもである。

9　**「ノー」にも価値**がある。否定されるのも、承諾されるのも、金銭的価値はまったく一緒なのだ。1万円を売り上げるために、十人に電話をかける必要があれば、電話一本に1千円の価値があるということだ。「イエス」の価値は1千円。「ノー」の価値も1千円。「ノー」と答えるお客様に対して、「イエス」と言うお客様と同じように感謝を示すようにしよう。

10　**難しい顧客は存在しない**。柔軟性のない営業マンがいるのみである。相手の望みに合わせて自分のアプローチを変更する柔軟性を持とう。

11　成功の秘訣は、**より多くの人とより短い会話**を交わし、その結果として、**より**

12

少ない人とより長い会話をすることだ。自分のプレゼンテーションを磨き、簡潔にし、より多くの見込み顧客に対して価値を受け取るようにお誘いしよう。

「活動の目標」と**「結果の目標」**の双方を持つようにしよう。一週間で何名の方に電話をかけるかを明確にし、その結果としていくらの売上を計上したいのかも明確にしよう。自分の**目標を先に繰り延べない**ようにしよう。一日十名に訪問する目標を持っていて、九名しかできなかったら、次の日の目標は十一名に調整しないことだ。これは絶対にうまくいかない。十名という目標のままにしていい。今日の仕事に集中しよう。今日は今日の仕事だけでいいのだ。

13

自分の**時間をうまく管理せよ**。毎日の少なくても半分は、顧客と膝と膝を突き合わせて、または口と耳を突き合わせて、商品を紹介し注文を依頼していなければならない。毎週わずかな時間を取って、自分のプレゼンテーションを磨き、また商品知識を増やすようにしよう。月曜日の朝、一時間か二時間でいいだろう。残りの一週間は、アポを取り、プレゼンテーションを行ない、注文を依頼し、成功をお祝いすることに利用しよう。

14

相手に**「イエス」を言わせる**ようにする。プレゼンテーションの所々で相手が必ず合意する文書を入れる。これをうまくするためには、お客様を理解しなければならないだろう。そして**お客様を理解する**ことは、営業のプロの何よりもの証である。

15 **感情移入**のスキルを身に付ける。お客様の話を注意深く聞き、相手の経験していること、感じていることを深く理解できるようにしよう。

16 営業で最も迫力のあるクロージング手法は「**そうしましょう**」という一言である。お客様の望んでいることは何かを理解し、それを提供してあげよう。

17 富裕層に売っている場合、必ず**特別感**を与えるようにしよう。あなたも、車に6千万円を使ったり、ホテルの部屋に一泊10万円を使っていれば、特別に扱われたいと思うはずである。

18 常に**アップセール**、**サイドセール**、**ダウンセール**、**オンセール**を心がけよう。多くの営業マンは、注文を受け取る嬉しさのあまり、次の注文を依頼することを忘れてしまい、あまりにも多くの営業チャンスを逃してしまっているといえよう。

19 ほとんどの反発は、「**この商品に興味を持っていただくには、どういうふうに**

ならなければならないのでしょうか」という簡単な質問で乗り越えられることを覚えよう。そうすれば、唯一の問題は、お客様の欲しいものをお客様の欲しい方法で提供する努力をするかどうかになるだろう。

20 受注のひとつひとつを**お祝い**しよう！ セールスは大変な労力を必要とする仕事である。勢いを保つためには、成功を祝っておかなければならない。

21 **成功の家賃は毎日払うものである。**やり続けることだ。代償を払い続ければ、必ず報われるはずである。

売ることを止めて、買う手伝いをせよ

高校時代にギリという名の女性と知り合った。彼女は当時、掃除機の販売で、大金を手に入れていた。

あなたがどうかは知らないが、私にとって掃除機を購入することはかなりの恐怖を伴う。

掃除機はそれなりに金額の大きい購入であり、種類は豊富にある。私は掃除機の

ことは皆目分からない。何がいい掃除機なのか。何が悪い掃除機なのか。その条件すら知らない。そして、店先に並んでいるその豊富な種類の中からどのように選べばいいのか。

ギリの使用していたアプローチは簡単であった。

買う手伝いをしていたのである。

お客様が店に入ってくるや否や、接近し、次のように言う。

「いらっしゃいませ。お家の面積は？」

雑談はない。本題に入るのである。

「そうですね、百平米くらいでしょうか」

「お子様は？」

「二人、男の子ひとりと女の子ひとりです」

「ペットは？」

「犬が一匹いますが」

そして、お客様を店のある所に連れて行き、そこに展示してある掃除機を指差して、

「これがあなたの掃除機です。現金になさいますか、それともクレジットカードを利用なさいますか。お持ち帰りでしたら、運びやすいように梱包《こんぽう》致します。ほかの掃除機はお売りしません。あなた様のニーズをぴったり満たすものはこれ以外にはありませんから」。

皆購入をする。この買い物が多くの時間と労力を要しないということに対してホッとしているのだ。そして彼女の毅然《きぜん》とした態度、商品選びに対する自信を見て、自分のニーズに合うものを購入できるということに対しても安心できる。

自分の提供できる価値を受け取れるように人を助けよう。そうすれば、あなたの成功は無限大である！

あなたの仕事は、自分の提供できる価値を、ほかの人が取得できるように助けることなのだ。

ステップ13：マーケティング

マーケティングのゴールドラッシュ

現代社会では、伝わってくるメッセージが多すぎて、人間の脳はまったく対応できない。

アル・リース及びジャック・トラウト

市場をあらゆる角度から攻撃していて、競合他社が同じようにしていなければ、勝ちだ。そして、その差が売上と収入に確実に現れる。

ジェイ・エイブラハム

たったひとつのこと

自分のアイデアを売るだけでなく、それをマーケティングする必要もある。**マーケティングとは自分のアイデアを広める**ことであり、そしてもう一度言うが、広まるアイデアが勝つのだ。

簡単にいってしまえば、マーケティングとは、**目立つ**プロセスである。つまり、**注目してもらう**ということだ。

マーケティングは覚えてもらうプロセスである。

人間は、自分の意識しているオプションの中から選択をするという強い習性を持っている。

従って、自分のアイデアを選んでいただくためには、まずそのアイデアを意識してもらわなければならない。

目立つ秘訣は、目立っていいものを持つことである。

ここで考えてみてもらいたい。あなたのアイデア、あなたの提案する商品やサービスをほかのあらゆるアイデア、商品、サービスから差別化させるたったひとつのポイントは何だろうか。

絞らなければならない。

たったひとつの違いでいい。

ただそれは大きく、有意義で、相手の心に訴える違いでなければならない。


自分の**アイデア**を磨き、そしてその**表現方法**も磨く必要がある。

自分のアイデアを十五秒以内で伝えることができるようになるまで。

現代社会では、人を襲ってくるメッセージが多すぎる。ケーブルテレビは三百チャネル、インターネットは十億ページ以上。その中で、自分のアイデアが素早く伝わり、相手の記憶に残るものにならなければならないのだ。

・世界中に何千とあるヘッジ・ファンドのうちの一社が、次のように発表した。
「我々は世界で唯一、お客様のために利益を出したときにのみ、マネジメント手数料を取るファンドである」

その会社はたちまち2千余億円の投資資金を集めることができた。

・あるコンサルタントが言い出した。
「私はトラック会社と交渉し、運賃を引き下げる専門家です。それ以外には何もしていません。御社の貨物運賃を確実に引き下げる。それが私の仕事です」
そして、顧客が彼の所に押し寄せた。

あなたの出している商品、サービス、情報、経験は、顧客に対して何を提供してあげられるだろうか。ほかとは何が違うだろうか。ほかよりも、あなたの提供するものを選ぶべき理由は何か。

あなたの会社や商品がほかのありとあらゆるものよりも、選ばれるべきたったひとつの理由は何か。

あなたを大金持ちにさせる簡単なメッセージ

マーケティングの秘訣は、メッセージの明確さにある。

このメッセージを磨くためには、数日間、数週間、あるいは数か月間をかけてもいい。聞く人すべてが、その約束する価値を切望するようになるまでは。

本当に他社のものと違っていれば、広告宣伝は無料である！

有意義かつ分かりやすい差別化ができていれば、マスコミは記事を書いてくれる。人は話題に出す。口コミが始まる。アイデアが広がる。

そして、広がるアイデアが勝つのだ！


伝えたいメッセージを明確にする。

何回もそれをテストする。

どの言葉が最も大きなインパクトがあるかを確認する。

・ウォール・ストリート・ジャーナルは次の簡潔な言葉を打ち出すことで、アメリカ初の全国紙になった。
「至る所で、出世する男はウォール・ストリート・ジャーナルを読んでいる」

・コカ・コーラは「コカ・コーラが本物だ！」というスローガンに集中することで、世界一のブランドを確立した。

・ザ・リッツ・カールトン・ホテルでは、「我々は紳士と淑女に仕える紳士と淑女である」という簡単な言葉をもって、グローバル・ラグジュアリー・ブランドを作り上げた。

絶大なインパクトを発揮するようになるまで、メッセージを磨き続ける。

バラはほかの名前で呼んでも

自分のアイデアのために、しかるべき**タイトル**や**名前**を付けるために、必要な時間をかけるようにしよう。

「バラ」にほかの名前を付けたら、バレンタインデーの一日に一億八千万本を売り上げることにはならない。「糞花」と呼んでいれば、一本も売れまい。

・歴史上で最も売れたパソコンのプリンターは「レーザージェット」であった。ほかの企業が誰にも理解できない製造番号で販売していたところ、ヒューレット・パッカード社は自分の商品にメッセージ性のある名前を付ける努力を払った。「レーザージェット＝ジェットのように速いレーザープリンター」である。

素晴らしい名前は、平凡な名前の百倍を売り上げる。

・「レイジーボーイ」は今まで最も売れたリクライニングチェアである。男は誰しもその椅子に座ったレイジーな（怠惰な）週末を過ごしたいと考えるからである。

・オーストラリアがへんぴな田舎にあるビーチに名前を付けた。その名は「ゴールドコースト」。「ゴールドコースト」と名付けられたリゾートに行きたくないと思う人がどこにいるだろうか。

・アメリカの歴史上で最も憎むべき法案は、その名前の強さだけで可決された。「パトリオット法案」である。その名前の法案に誰が反対できるだろうか。その条文を読んだことがない、何が書いてあるのかすら知らない国会議員たちのほぼ満場一致の投票で可決されたのである。

アイデアをマーケティングさせる第一歩は、素晴らしい名前を付けることだ。

素晴らしい名前は、平凡な名前の百倍を売り上げる。

拒めないオファー

差別化要因、違いが何かを明確にし、短い言葉でその独自性をアピールできるメッセージを磨き、そして素晴らしい名前を確立したら、次は**オファー**をまとめることである。

何をオファーしているだろうか。

どのような条件で提供するのか。

提供する価格はどうか。

今すぐ行動することに対して、顧客にどのようなメリットや利益があるか。

顧客により大きな価値を与えるために、一緒にパッケージしているものは何か。

オファーは名前よりも重要であるのだ！

オファーは名前よりも重要である！

ある価格は、ほかの価格よりも大きな売上を上げる。

ある商品は、3ドルで売るよりも、9ドル98セントでよく売れるかもしれない。

価格によって、お客様の認識してくれる価値も違ってくる。

プレミア価格が、安価よりもよく売れる可能性がある。

スーパーマーケットが使用するような価格が、切りのいい数字よりもよく売れる可能性がある。

あるいは、その逆もあり得る。

・私の知人が、９ドル80セントから本の売値を10ドルに変えた。その結果、売上が倍になった。お客様はお釣りをもらう時間が惜しかったのである。

・シンガポールのチャンギー空港は、世界で最も買い物が行なわれる空港である。それは簡単にオファーを変更することで実現した。空港で買った品物が町中でもっと安い値段で売られているのを見つけたら、差額の倍返しをするという。お客様は皆安心して、商品を買って行けるのである。

素晴らしいオファーの秘訣は**「そのオファーを拒むことは正気の沙汰ではない」**と思われるほどの価値を提供することだ。あまりにも大きな価値を、あまりにも好条件で提供し、お客様の誰もが自動的に「イエス」と答えるようにする。

そうすることにより、利益率を大きく向上できる。なぜなら、どの企業にとっても、最もコストがかかることは、**新規顧客の確保**だからである。

クロージング率を向上させ、より大きなボリュームをこなすことは、コスト削減への近道であるのだ。

素晴らしいオファーを作ることは、技術よりも芸術である。そして、何年も練習することになるだろう。

1　お客様が大きなバリューを感じる価格は何だろうか。

2　この商品を最もよい商品だと感じさせる価格はいくらか。

3　価値を増加させるために、ほかのどのような商品やサービスを一緒にパッケージできるだろうか。

4　購買のリスクを低下させるために何ができるか（返金保証、ほかのお客様の声を聞かせる、試用期間を設けるなど）。

5　どのような支払いの条件を提示できるか。支払いの負担を軽減させるために、何ができるのか。

6　即行動に対して、どのような酬いを与えられるか。今提供していることで、今すぐ購入しないと得られなくなるベネフィットは何か。

7　オファーを拒めないほどの価値を提供しているか。

素晴らしい価値を素晴らしい価格で、素晴らしい条件で、低リスクでパッケージすれば、人はその価値を受け取りたいと思うはずだ。

オファーを拒むことは、正気の沙汰と思えないくらい、素晴らしいものにせよ！

ここで覚えておいてほしいことは、**最初の注文**を取るためには、非常手段を講じてもいいということである。

最初の注文でとんとんであれば、大きな勝ちといえよう。

顧客との関係を確立し、その顧客に対して大きな価値を見せることができれば、その人は何回も買ってくれるに違いない。

顧客は不平等である

次の鍵は**正しい人たち**に売ることだ。

掃除業を行なっていれば、ある地域ではほとんどの人がサービスを購入してくれるが、別の地域でほとんど誰も買ってはくれないということがある。

研修商品を販売していれば、ある業種の企業が他の業種よりも多く購入する。


あなたのアイデアのターゲット顧客はどのような人たちだろうか。

誰が、その商品から最も大きな価値を享受できるだろうか。

その商品やサービスを最も望んでくれる人たちは、誰だろうか。

その商品を購入する支払い能力を持っている人は、誰か。

これも何か月あるいは何年もかけて明確にしていくところなのだろう。


正しい商品やサービスを、**正しいオファー**で、**正しい人たち**に売っていけば、千億産業があっと言う間に出来上がってしまうだろう。

辛抱強く取り組み続けてほしい。

思考をこらす必要がある。

メッセージやオファーをいろいろな人たちに対して試す必要もあろう。

　ある会社は、企業の管理者向けに教育を販売していた。多くのテストを行なった結果、歯科医師がほかのどのグループよりも購入してくれているということを発見した。

　実に多くの場合、買ってくれるお客様は最初に想像していたグループと違う人たちである。

思わぬ場所に市場を発見する。

　ターゲット市場を明確にしたら、効率よくその人たちにアクセスする方法を探すようにする。

　多くの場合、その方法は、すでにその人たちと関係を持っている企業や団体と提携することである。

　妥当な手数料を払うことで、代わりに営業もしてくれる。

　共同マーケティングキャンペーンを行なうこともできる。

もう一度確認しよう。競合マインドよりも、協力マインドには力がある。

誰が欲しいか。誰が購入できるか。最も購入してくれる人は誰か。

誰を知っているかが重要ではなく、誰があなたを知っているかが重要である！

優れたマーケティングの最後のポイントは、あなたのアイデアを披露する機会の量と質を増やすことである。つまり、より広く市場に知ってもらうということだ。

見込み顧客の情報はそもそもどこから得ているのだろうか。

見込み顧客のリストを確保するためには、インターネットサイト、メールマガジン、DM、インターネット広告、直接販売、顧客紹介、販売代理店、出版する本に入れるレスポンスハガキ、アフィリエイトマーケティングなど、方法は多岐にわたっている。

このリストを確保する方法が多ければ多いほど、売上が増大するのだ。

同業他社のやり方を研究してみる。
どのように見込み顧客のリストを確保しているだろうか。
ほかの業界も研究しよう。
どのようにリストを取っているだろうか。

少なくても三か月に一回のペースで、新しい見込み顧客を発見する方法を試すようにしよう。
一年に一回も新しい方法を試さない企業が何と多いことだろう。

見込み顧客を見つける方法が多ければ多いほど、売上が大きくなる。

ステップ14：テコ効果

あなたのビジネス・マネー・マシン

十分に長いテコがあれば、地球さえ動かせる。

アルキメデス

自分の仕事を崇拝している。お客様を崇拝している。収益性を崇拝している。

シャイレンドラ・シング

全人類のニーズを満たす

価値創造のアイデアを醸し出し、そしてそれに基づく商品やサービスを販売し、マーケティングし始めれば、その活動はいつの間にかひとつのビジネスに成長することだろう。

ビジネスとは、現代社会が選んだ全人類のニーズを満たすプロセスである。

少し考えてみよう。

政治家は何もしない。

政治家が道を建設したければ、まずそれを建設する資金を得るために、企業やそこで働く従業員に税金を課する法律を作る。

しかし、それでも政治家は道など造れはしない。

そこでどうするかというと、ビジネスを行なっている企業と契約し、その道を造ってもらうのである。それから、有権者たちに自分が道を造ってあげたと威張りまくる。

しかし、道など造ってはいない。

その道は政治ではなく、ビジネスのプロセスによって造られているのである。


すべてがビジネスによって作られる。

この商業、工業、農業のプロセスに参加することは、自分のひとつひとつの行動に大きなテコ効果を持たせることになる。ビジネスを築き上げることにより、**他人**

の資金、他人の労働力、他人の時間、他人の才能、他人のアイデアを活用できるようになるからである。

この偉大なテコを使うことで、より壮大な規模で価値を創造できるようになるし、より巨大な富を入手するようになる。

必ず儲かる会社の七つの原則

数多くの事業に関わってきた結果、儲《もう》かる会社とそうでない会社の違いが明確に見えてきた。ここで、**継続的黒字**を計上する企業を裏付ける七つの原則を紹介しよう。これらの原則を履行することにより、あなたも継続的にお金を生み出してくれるビジネス・マネー・マシンを築き上げることができるはずである。

原則1 他人のお金を使う

まず大切なことは、自分のビジネスは**他人のお金**で行なうことだ。

他人の資金が入っていれば、より賢明で、責任感のある経営をするようになる。

そして、自分の会社をより効率よく運営するようになるだろう。

自分がビジネスリスク、運用上のリスク、法律上のリスクを背負っている以上、金銭的なリスクは同時に背負う必要はないし、そうすることは好ましくない。

自分のアイデアに十分な価値があれば、資金提供者が集まり、妥当な株式発行と引き換えに、そのビジネスの成長に投資してくれるはずである。

その一方、資金集めに苦心していれば、成功する可能性の少ないプロジェクトに自己資金を投げ捨てるよりは、そのアイデアをさらに磨いた方がいいだろう。

原則2　収益性の高いビジネスモデルを確立する

ビジネスモデルとは、自分のビジネスがどのように行なわれ、なぜそれから利益が得られるかという簡潔な説明のことである。

・証券会社を営んでいれば、自分のビジネスモデルは、顧客が取引を行なう度に、それに対して手数料を取り、その手数料は取引を実行するコスト以上のレベルに設定するというものかもしれない。

・スーパーマーケットを経営していれば、ビジネスモデルとして、卸値で品物を仕入れて、小売価格で再販する。そして、その差額は店を経営し、従業員の給与を支払い、そして十分な利益率を確保するに足りる。

・研修業を行なっていれば、打ち出すビジネスモデルは、トレーニングに参加する顧客企業の従業員ひとり当たりに一定の金額を徴収するようなものになるかもしれない。

ここで大切なことは、非常に収益性の高いビジネスモデルを選択するということだ。スタートするときは、どのようなビジネスでも選べるから、収益性の高いもので、自分の努力が大きく報われるものを選択すべきだろう。

原則3　固定費を最低限に抑える

自分のビジネスに大きな**固定費**というかせをかけるべきではない。

賃貸料の高い事務所を借りない。

固定賃金を払わなければならない多くの従業員を抱えない。

毎月大きな支払いを必要とする高い機械なども買ったり、リースしたりしない。

自分の会社を無駄のない形で経営するのだ。

できる限り、固定費を変動費に変える方法を探し、売上が立っているときにのみその費用が発生するようにしよう。

法律が許す限り営業マンをフルコミッションで雇うようにする。

会社の中心的な機能以外のすべてを外注に依頼し、使う分だけそのつど支払うようにする。

原則4　直間比率を高くせよ

ビジネスは二つだけのことをするように設計すべきである。**売ることと**、売った商品やサービスを**納品すること**。

残りのすべてが無意味といっても過言ではない。

間接的な機能を最小限に抑えるべきである。

大きな経理部を抱えることで裕福になるのではない。

大きな人事部を持つことで裕福になるのではない。

売ることにお金を使う。

商品やサービスを製造し、お客様にそれを納品することにお金を使う。

ほかのものにお金をかけないことだ!

どの企業にも、間接費は発生するだろうし、100%避けることは難しいだろう。しかし優秀な企業は、それを最低限に抑え、無駄のない経営を実現している。

原則5　営業思考に徹する

会社全体が売ることに従事している。

営業以外の活動のすべてが、商品、サービス、情報、経験を売ることのサポートに過ぎない。

会社が存在するのは、価値を提供するためである。

従って、できるだけ多くの見込み顧客に対して、その価値を受け取るようにお誘いをしなければならない。

そして、会社で働く全員が常にそのことを考えていなければならない。尻尾が犬を振るような、本末転倒の状態に陥ってはならない。会社はお客様のために存在している。

製造部のニーズを満たすために会社があるのではない。経理部のニーズを満たすために会社があるのではない。人事部のニーズを満たすために会社があるのではない。お客様のニーズを満たすために会社があるのだ。その道から決してそれてはならないのだ。

原則6　フォーカスせよ

ビジネスにおける唯一のチャレンジは、**フォーカス**である。ひとつのことをする。それをうまくする。それを何回もする。そして、また、繰り返しそれをするのだ。

フォーカスはビジネスにおける唯一の問題である。

原則7　詳細を大事にせよ

企業や組織におけるリーダーシップの失敗の最も大きな原因は、詳細を怠ることである。

詳細を把握する必要がある。

コストはどのようになっているか。

顧客のフィードバックはどうなっているか。

市場で何が起きているか。

自分のビジネスの詳細を把握するようにしよう。

会社を営む詳細を把握することで、従業員にも、お客様にも、株主にも尊敬され、長期的な成功を生み出す。

大企業を作る方程式

ビジネスを構築していく中で、もうひとつ考えていただきたいことがある。

普遍の物質は無限にあり、「無限の可能性の場」において思いの振動によって、その物質は制限なくさまざまな形をとる。従って、**大きく望む**ことについて、何ひとつ遠慮する必要はない。

大きな夢を見て、大きく望み、大きく希望する。小さい夢や希望と同じように、確実にそれが実現されると考えてよい。

無限の天地宇宙にとっては、大きいも小さいもないものだ。

それらは、すべてひとつ。

無限の英知が促進の原則に沿って、万物の成長を望む。だからこの英知が、価値を生み出そうとするあなたのビジネスの目標にも協力してくれる。

従って、小さい会社を作るよりも、大きい会社を作ることは簡単である。

これは逆説的に聞こえるだろうが、絶対的な真実であり、双方を築き上げてきたビジネスマンたちの経験によって実証されている。

そこで、あなたに提案しておきたい。あなたはびっくりするくらい簡単に、いくつかの明確なステップを踏むことで、大きな事業を築き上げることができる。

これらのステップは科学的手法に基づいているし、それを実行し、その結果を見ることで、あなたにも確認できるものである。


成功する企業を築き上げるプロセスには、次の七つの要素が含まれる。

1　大きな目標

大きな目標を持つ人は、大きな会社を作る。

その宇宙論的な理由は単純である。

目標は自分の中に宿るものである。そして、大きな目標を抱くためには、それだけ大きな人間にならなければならないのだ。

大きな会社は、大きな人間によって築かれる。そして、大きな人間になるプロセスは、大きな目標を自分の中に抱き、信仰を持ってその目標の実現に向けて行動することである。

世界を変える目標を持ってスタートすることだ。

2 大きなアイデア

大きな会社は、大きなアイデアから出る。

これは当たり前なことであるが、大切なポイントである。

大勢の人を助けるようなアイデアでスタートすべきである。

これらのアイデアの実に素晴らしい点は、まったく無料だということである。これらは、静電気のように宇宙に蓄積され、ビジョンを持つ人がそれをダウンロードし、人類のためにそれを実行に移すことを待っているのだ。

もう一度ここで強調しておきたい。アイデアが降ってきたら、それを試し、ほかの人が共鳴してくれるかどうかをみよう。

人の本当のニーズに応えていれば、会社はどの大きさにでもなる。

社会が抱える大きな問題の解決に働きかけるといいだろう。

クリーン・エネルギーの企業が今大きな成長を遂げている。その理由は、石油の高値と、地球の温暖化に対する関心の高さにある。

それほど大きな問題を解決してしまえば、事業は巨大なものになること間違いなしだ。

3 大きな人

大きな会社は、大きな人の協力によって築き上げられる。

だからできる限り多くの大きな人たちと一緒に仕事をしたいものだ。そして、自分の選んでいる分野で最も経験と知識の深い人たちを雇う。

たとえば、映画を制作する場合、最も優れた俳優と女優を求める。そして、最も有能なカメラマン、脚本家、照明の技術者などをそのプロジェクトに誘うだろう。

多くの人が自分の可能性を実現しないのは、大きな才能を持つ人は自分のプロジェクトに参加してくれない、と最初から決めつけているからである。

しかし、そうではない。

マスターマインドの原則をもう一度振り返ってみてほしい。そうすれば思い出してもらえるだろう。偉大なマスターマインドが集合するのは、その才能に相応《ふさわ》しい大きなプロジェクトを打ち出しているからである。

映画の世界で、最も大きな才能を持つタレントは、最も優れたストーリーや最も大切な映画に惹き付けられる。それと同じように、あなたが大きなプロジェクトを打ち出すようにすれば、あなたの所に必要な才能を持つ人たちが惹き付けられることになるはずである。

4　大きな資本

プロジェクトが大きくなればなるほどに、それを成功させるためには、それだけ大きな資本が必要になる。

しかし、お金の供給は無限であるから、これはさしたる問題ではない。大きな目標を持ち、大きなアイデアがあり、そして、それを実現させるために最も大きな人たちと一緒に働いていれば、大きな資本があなたの所に流れ込む。お金というのは、常に効率よく倍増できる場所やプロジェクトを求めて、流れているからである。

小さく求めるという間違いを犯さないようにしよう。

そのビジネスを成功させるために必要な資本額をしっかりと求めよう。資本の提供者たちに、その受けた金額以上のものをどのようにして返すのかを見せるようにしよう。

常に豊かさの原則に沿って行動しよう。

小さな資本を集めるより、大きな資本を集めることは簡単である。なぜならば、大きな資本を持っている組織は、小さいプロジェクトを数多く管理するよりも、数少ない大きなプロジェクトを管理する方が簡単だからである。

5　大きな提携先

大きな目標を持ち、大きなアイデアがあり、大きな人たちと一緒に仕事をし、大きな資本を集めていれば、次は最も優れた組織などと提携することである。

あなたの事業を成功させる力を持っている会社や、その他の組織と提携を結び、そこで創造マインドを活用しよう。

大きな会社は大きな予算を組み、その結果として、常に大きなプロジェクトを探している。

相手の協力を求めるときには「相手の予算達成に貢献する」「相手にとっての問題解決だ」ということを意識するようにしよう。

ベストであるためには、ベストと組まなければならない。

全世界があなたを助けたがっている。

顧客は買い物をする。

従業員は仕事をする。

仕入れ先はビジネスを行なうために必要な、ありとあらゆるものを供給してくれる。

流通業はあなたの商品やサービスを売ってくれる。

そして最も素晴らしいことには、ベンチャーキャピタルや銀行などはそのビジネスを行なう資金を提供することを業にしているのだ。

6　大きな流通

とてつもない成功を収める企業を築く秘訣がひとつあるとすれば、それは大きい流通のテコを活用することである。

あなたのターゲット市場と良好な関係を持っている会社を探し出す。最も顧客たちから信頼されている業者と提携をする。

この簡単なステップを踏むことで、短期間で小さい会社から大企業に変身することができる。

J・R・シンプロット社は、アイダホ州の南に位置する片田舎で十四歳の少年によって創立された。彼はジャガイモを育て、それを販売することで、36億ドルの巨大な財産を築き上げた。

裕福になり、成功する大企業を築き上げる科学的手法を知らない人にとっては、想像を絶するストーリーなのだろう。

1967年にJ・R・シンプロットはレイ・クロックと約束を交わした。それは、クロックの経営するレストラン（マクドナルド）に冷凍のポテトを供給するというものだった。その契約は簡単な握手で締結された。

7　大きな社会貢献

これらの原則に沿ってビジネスを構築していくと、自分ひとりの力でどうすることもできないほど、大きな財産を手に入れることになるだろう。

ほかの人を助けたいという心を持っている人の所に、お金は自然に流れ込む。

アンドリュー・カーネギー、ジョン・D・ロックフェラー、ビル・ゲイツ、ウォーレン・バフェットには、皆ある共通点がある。

彼らはそれぞれの時代において、ほかの誰よりも大きな財産を手に入れた。

そして、もうひとつの共通点を持っている。

それは、そのお金をすべて他人に差し上げるという決意を持っていた点なのだ。

他人を助けたいという気持ちは、ほかのどのことよりも、あなたにビジネスの成功を引き寄せる。しかし、これをごまかすことなどできない。

成功しようと思って、人に与えることはできない。

惜しみなく人に与える中で、成功はあなたの豊かな状態の自然な結果として現れてくるだけである。

これまでに述べた簡単なステップで、他人の力というテコを活用し、人類のために大きな価値を生み出すビジネス・マネー・マシンを作り上げることができる。

小さい会社を作るよりも、大きな会社を作る方が簡単である。

ステップ15：簡素化

簡単にできる

力を持つ秘訣は、他人があなたの持っているものに簡単にアクセスできるようにすることである。

ブレーン・リー

作りやすく、使いにくく

ここである考え方をあなたに提案してあげたい。

「お金を作ることは簡単だ。難しいのは使うことだ」というものである。

そんなはずはない！

しかし、事実なのだ。

これはあなたにとって吉報なのだろう。なぜなら、さしたる苦労もせずに、大金を手に入れることができるからである。

財産は簡単に入手できる。難しいのは、使うことだ。

この教訓を表す簡単なストーリーを紹介しよう。そしてその中から、大金持ちになる秘訣を読み取っていただきたい。

十数年前のことになるが、暑い八月のある日、私は駅にいた。そこで、アイスクリームの売店が目に留まった。そして、暑さをしのごうと思い、店内に入った。さまざまな味のアイスを販売していた。どれも、美味しそうで、魅力を感じた。結局ひとつに絞れず、誰でも考えることだと思うが、シングルではなく、ダブルを注文することに決めた。

カウンター越しに、若い女性の店員に声をかけた。

「これとこれをダブルでお願いします」

彼女は私の顔を見上げて答えた。

「当店では、ダブルを扱っておりませんので、それはできません」

私は心の中で思った。『くれればいいじゃないか』

しかしそれでは、アイスは出てこない。気持ちを抑え、さらに考えてみた。『よし、私が問題を解決してあげよう。でも、何で私が店の問題を解決してあげなくちゃいけないのかな？　本当は私の問題を解決してほしい。お腹がすいている。暑い。お金がある。アイスが欲しい。この問題を解決してもらいたい……』

彼女は、価格設定がないので、おそらく売り方が分からないのだろう。

「お嬢さん、シングルの倍の料金を払いますから、これとこれをダブルでお願いします」

彼女はにべもなく、

「申し訳ありませんが、当店ではダブルを扱っておりません」。

自分の中にエイリアンでも湧き上がってくる心地だった。『いい加減にお金を受け取らんかい‼』と、そう思った。しかし、その気持ちを口にしないで、深呼吸して、心の中のエイリアンを抑えた。『よし、問題を解決してあげよう。何で私ばかり問題解決を考えるわけ？　私はお客様だろう。私の問題を解決してよ！』

続きを話す前に、考えてみてほしい。

倍の料金を払うとすれば、売上はどうなるだろうか。

倍になる!

かかる時間は?

即時である。

私は店の売上を即時に倍にしてあげようとしている。そうとなれば、利益はどうなるだろうか。

倍になるだろうか。

いや、そうでない。

倍になると考えがちだろうが、少しでも考えてみれば、それは間違いだということに気付くだろう。

固定費は払い済みである。商品開発は終わっている。顧客を店に引っ張ってくる努力は終了している。店の家賃は支払い済みである。シングルではなく、ダブルを売る唯一の費用は、アイスクリームースクープである。コーンとナプキンもひとつずつ節約される。

私は考えた。『売上を倍にし、利益を十倍にしようとしている。それも一瞬にだ。でもそうさせてはくれない。よし、問題を解決してあげよう。だって、私は腕っ扱《こ》きの経営コンサルタントなのだ。どんなビジネス問題でも解決できるはずだ。きっと彼女は、怖がっているだろう。ダブルを作ってしまうと、後で精神的に異常ともいえる上司がやって来て、アイスを最後の一グラムまで秤《はかり》にかけて、コーンの数も調べて、盛り過ぎだと叱るのだろう』

「じゃ、こうしましょう」

私はまた声をかけた。

「シングル・コーンを二つ作ってください。両方の料金をちゃんと支払ってあげますから。そして大変恐縮ですが、カウンターのそちら側の誰も見ていない所で、その一方を逆さまにして、こうくっつけて、余ったコーンを捨てていただけませんでしょうか」

またも同じやる気のない声で返事が返ってきた。

「当店ではダブルを扱っておりませんので、それができません」

私はそのまま店を出て、二度と戻ることはなかった。

数年後、同じ駅を通りがかったとき、その場所を見た。すると、その店はもうなかったのである。

お金を作ることは実に簡単だ。使うことがよほど難しい。

いい加減にお金を受け取らんかい！

お金を使うことの難しさにいつも度肝を抜かれる。

毎日のように「いい加減にお金を受け取らんかい！」と、叫びたくなる。

お客様は、毎日そう叫んでいるに違いない。

世界の至る所で、今お客様が嘆いている。

「誰か売ってくれ！　物が必要、サービスが必要、でも誰も売ってくれない‼」

事実、誰も売ってくれないのだ。何と情けない有様なのだろう。

売上が立たず、人は路頭に迷い、失業者が多発する。そして、そのすべては、会社がお客様のお金を受け取る方法を考えることができていないから起こることなのである。

お客様のお金を受け取り、彼らの要求する価値を提供する方法を探し出すようにしよう。

大きな金額がかかっている何百という実例をここで並べることができる。しかし、ここでもうひとつだけ、お客様のお金を受け取らないことによって発生する大きな損失を表す実話を紹介しよう。

ある経済団体の職員として働いていた友だちと一緒に有名ホテルのレストランに食事しに出かけた。

そこで、その友だちはウエイターに注文した。

「シナモンパンケーキをお願いします」

ウエイターは返事した。

「申し訳ありませんが、今五時半になったところです。そして残念ながら、シナモンパンケーキは午後の五時までとさせていただいております」
シナモンパンケーキを作ることは、どのくらい難しいのだろうか。小麦粉、卵、牛乳、砂糖、ベーキング・パウダー、バター、塩を混ぜて、焼いて、上にシナモンを少しかけるまでのことだ。

「分かりました。じゃ、プレーンパンケーキでお願いします」

「それなら、できます」

分かるだろうか。シナモンを上に振りかけるだけでいい。簡単なことだ。しかし、友だちはプレーンパンケーキを出され、それを食べる羽目になった。

ホテルを出たとき、友だちが私の方を振り向いて、言った。

「今年の国際会議はここで行なうことを止めた」

世界中から集合するトップ経営者二千人。三泊四日の宿泊。三日間ボールルームや会議室フル使用。何千万円という売上。すべてがパーである。

パンケーキの上にシナモンをかけないがために。

一振りのシナモンには、何千万円の価値がある！

もうひとりの友だちは、1千万円以上もするスポーツカーを購入しようとしていた。三回もディーラーを訪問して、試乗を頼んだが、結局は乗せてもらえなかった。そのディーラーは、試乗専用としてドイツからそのモデルの車を一台輸入していたにもかかわらずの話である。

友だちは買うための現金は持っていたが、ディーラーの能力のなさで、最終的に買えなかったのである。

お客様の立場に立って、彼らが簡単にお金を使えるようにしてあげさえすれば、大きなお金を手に入れる機会は無限にある。

相手のために簡単にしてあげよう。そうすれば、生活を立てることも簡単になるだろう。

購入を簡単にする

あなたの会社から何かを購入することは、どのくらい簡単なのだろうか。今すぐ、インターネットにアクセスし、オンラインで自分の会社から何かを購入してみてほしい。

購買の意思決定をするのに必要な情報は簡単に見つかるだろうか。
商品の仕様は見つかるだろうか。
商品の写真は載っているだろうか。
価格情報は入手できるだろうか。
商品の比較が簡単にできるようになっているだろうか。
納品や輸送方法に関する情報は手に入るだろうか。
購入そのものが簡単にできるようになっているだろうか。
そのサイトは、あなたのクレジットカードを受け付けてくれるだろうか。
十分な支払い方法のオプションが用意されているだろうか。
分からないことがあれば、すぐに顧客サービスをしてくれる生きた人間と話ができるだろうか。

自分の会社に電話をかけ、何かを購入してみてほしい。

担当者につないでもらうことはどのくらい簡単だろうか。

情報入手はどのくらい簡単か。

購入のプロセスはどのくらい簡単か。

買うために、どのくらいの書類が発生するだろうか。

自分の会社からどのくらい簡単にものを買えるだろうか。

成功率100%のクロージング手法を紹介してあげよう。これはどの状況でも、どの国でも、どの産業でも、必ずうまくいくものである。しかも、たったの二語である。

「そうしましょう」

お客様がやって来て言う。

「ダブルでお願いします」

そして、あなたが答える。

「そうしましょう」

簡単だ。

お客様はシナモンパンケーキをリクエストする。あなたの答えは？

「そうしましょう」


そうしましょう！

ここで、世界中の企業がお客様のお金を受け取ることに失敗している主な理由を検証してみよう。

理由1 購買の意思決定をするのに十分な情報を入手できない

お客様が、簡単に、素早く、購買の意思決定をするのに必要なすべての情報を入手できるようにしよう。価格を含めてである。

多くの企業では、価格情報をさも国家秘密であるかのように取り扱っている。

こちらは、買いたいだけなのに。

航空会社の価格体系を理解できるだろうか。ナバホ語を取得するよりも複雑で難解である。誰にも理解できない。

お客様はAという場所からBという場所まで行くために、いくらかかるかを知りたいだけなのに。

航空会社の答えは、

「何日に飛ぶか、時間はいつか、あなたがどなたか、チケットの発券場所はどこかによって変わりますから」

というものである。

「チケットを購入できるように助けて！　お願いだから……」

最近の出来事になるが、ある頻繁に旅するトラベラーがビジネスクラスのチケットを持って、空港に出かけた。

「申し訳ありませんが、本日ビジネスクラスが満席でございます」

「じゃ、ファーストクラスにアップグレードするためにいくらお金がかかるでしょうか」

「お調べ致します。あぁ、申し訳ありませんが、このチケットはアップグレードできないものになっています。今日、エコノミーで飛んでいただき、差額の2千ドルを返金致します」

「ちょっと待ってください。ダウングレードのために、私に2千ドルは支払ってもいいが、アップグレードのために、私からの2千ドルを受け取れないというわけですか」

「はい、このチケットでは……」

その日、飛行機のファーストクラスは半分の空席で飛ぶことになった。

商品の購入方法を簡単で分かりやすいものにすれば、売上が上がります。

保証します。

理解できなければ、購入はできない。

理由2　十分な支払い方法が用意されていない

お客様のお金を受け取る方法は、できるだけ多く用意しておきたい。

私は、1983年に日本に到着し、東北地域の田んぼの中を歩き回りながら、ボランティア活動に従事していた。

そんなある日、山形市内にあるデパートに入った。最近は新幹線も通り、ずいぶんと開かれてきたが、当時の山形はとても小さな田舎町で、人口五万人くらいの町に思えた。

1万円の商品を購入しようとしていたが、クレジットカードで支払いたいと考えた。アメリカン・エキスプレス・カードをカウンターに乗せた。

そこで、女性の店員が不思議そうな顔でそれを見つめた。

「これって何ですか」

これは何かしらの支払い方法を申し出るとき、多くの企業から今でも返ってくる反応である。

「国際銀行送金で支払いたいのだが」

そこで言われることは、「それって何ですか」。

「クレジットカードです」と答えた。

「クレジットカードって何ですか」

「現金の代わりに使用するものですが」

「すごい！　初めて聞きます」

「じゃ、ダメなら現金で支払いましょう」

彼女は、しばらく待つようにと言って、マネージャーを探しに行った。

それからマネージャー、アシスタントマネージャー、十人くらいの店員が店の奥の方に集まり、ああでもない、こうでもないと議論し始めた。

私はカウンターに立たされたまま、早く帰りたいという思いでいっぱいだった。

十分くらい経ってから、マネージャーがホコリだらけのアメリカン・エキスプレスの用紙を持って、レジにやって来た。

「三年くらい前に営業マンがやって来て、これを残して行きましたが、意味がよく分かりませんでした。今まで見たことはありませんからね。使い方を教えていただけますか」

私はクレジットカードで支払いを済まし（山形の歴史初だったかもしれない）、そのデパートは新しいお客様をゲットした。

いろいろなクレジットカードを受け取れるようにしよう。現金も受け付けよう。銀行振込も。小切手も。共通商品券も。

支払いを受け付ける方法をたくさん持つようにしよう。そうすれば、支払いを受けることがそれだけ増えることになるだろう。

支払いを受ける方法が多ければ、支払いを受ける機会が多くなる。

理由3　不必要な手順や不必要な情報収集が多い

多くの企業では、不必要な手順を設け、または不必要な情報をお客様から収集し、取引を複雑にしている。

お客様の中にはプライバシーが侵害されていると感じて、購入を拒む人もいる。

お客様のニーズに応えるために、必要な情報だけを求めるようにしよう。

購買の手順を簡素化し、ステップの数を減らす。

お客様が欲しいものを手に入れるために、最低限の努力で済むはずである。

お客様にやってもらわなければならない作業があれば、代わりにお客様のためにやってあげる方法を探そう。

代わりに銀行に行って振込用紙を取ってくる。

申込書の署名の欄以外は、代わりに記入してあげる。

廃止できない手順は、お客様の代わりにやってあげよう。

理由4　価格設定ができない

今まで想定していなかったサービスなどが要求されると、価格はどうするかという問題が出てくる。

お客様がやってほしいサービスや提供してほしい商品のために価格設定ができていなければ、それなりのお金をもらってもいい。大丈夫である！

私の友人で、アマンリゾートの大ファンがいる。彼がアマンの素晴らしいサービス体制を次のように説明している。

「アマンにいるとき、彼らの能力の範囲内のことを要求すれば、〝はい、かしこまりました〟と言って、それをやってくれます。そして、さり気なくそれが請求書に現れる。彼らの能力の範囲外のことを要求すれば、〝はい、かしこまりました〟と言って、それができる業者などを探し出し、それをやって、さり気なくそれも請求書に現れるのだ」

何と素晴らしいビジネス哲学なのだろう。

お金がかかることはOK。ニーズが満たされないのはNG。

理由5 エンパワーメントの欠如

多くの企業では従業員が自分で意思決定をすることが禁止されている。マニュアルに入っていなければ、できない。規定に入っていなければ、売ることができない。

これは絶対に変わらなければならない。

自分の会社は、商品やサービスと引き換えにお客様の大切なお金を受け取るために存在している、ということを従業員に教えよう。

それは会社の存在意義そのものだ!

お客様に仕え、そのお金を受け取る権限を従業員に付与しなければならない。

そして大切なことは、従業員が妥当な価格設定ができるように、彼らに十分なコストなどの情報を与えてあげることである。

従業員は、思っている以上に知力がある。

いや、多くの場合、彼らを管理しているはずのマネージャーたちよりも発想が豊かなのだ。

お客様に仕える権限を従業員に与えよう！

理由6 お客様の大切さに対する認識不足

多くの企業において、従業員の賃金は売上に連動していない。だから従業員は、売るよりも、お客様にいなくなってもらった方が楽だと考える。

「やったって、自分は得しないし……」

そこで従業員に教える必要がある。給与を支払ってくれるのは、お客様以外にはいないということ。

あなたの給与を払うことができるのは、お客様だけである。

お客様になってくれていない人たちも調査しよう。

彼らのお金を受け取ることの妨げになっているものは何か。

どんな会社でも、お客様になっていない人たちは、お客様になってくれている人たちよりも多い。

この人たちを研究することは、大きな衝撃を与えるに違いない。

ある日、ノードストロームというデパートのオーナーが店のひとつを訪問した。

そして、当然ながら従業員は、皆そわそわしていた。

「オーナーが来ている。どうしましょう……」

そのボスがカウンターに近寄り、そこの店員に声をかけた。

「すみません」

「はい！」

「たった今、お客様がひとり何も買わずに、店を出ていってしまいました。追いかけて、どうして何も買わなかったのかを聞いてくれませんか」

何と素晴らしい考え方なのだろう！

会社がお金を受け取ることに成功していない、ありとあらゆるケースを研究しよう。

なぜお客様は何も買わないで帰ってしまったのか。

なぜもっと多くを買わなかったのか。

どうしたら、そのお客様のお金をもっと多く受け取り、もっと喜んでもらえるのだろうか。

お客様は何をしてほしいと考えているのか。

何が邪魔しているのか。

何が購買を難しくさせているのか。

購買プロセスのどのステップに対して、抵抗を感じているのか。

お客様は売るために必要なことをすべて教えてくれるはずである！

お客様になっている人たちと同じくらい熱心に、
お客様になってくれていない人たちを研究しよう。

すぐ直す

自分の会社あるいは組織が、お客様のニーズを満たす上で失敗している場面をリストアップしてみてください。

難しくさせていることは何か。

どのようにしたらそれをシンプルにできるか。

お客様のニーズが満たされるために何をする必要があるか。

会社や商品を探しやすくするためにどうするか。

価格、仕様、写真など、商品やサービスの情報をどうしたら入手しやすくできるのか。

どのようにして、その購買のプロセスを簡単にし、書類などを減らすことができるか。

誰がこの商品を購入すべきか、どのくらいの頻度で購入すべきか、お客様を教育してあげる。

実際に購入されたお客様の声（いいものも、悪いものも）にアクセスできるようにしよう。

返金保証などのリスク・リバーサルを実行し、間違った意思決定を行なう恐怖を取り除いてあげよう。

支払いのオプションをできるだけ多く持つようにする。

営業スタッフと話して注文できるようする。また、オンラインで人と話さなくても購買できるようにもしてあげよう。

オファーは断り切れないほど魅力的なものにする。

購買プロセスのすべてのステップを簡単で、分かりやすく、楽しいものにする。

あなたの持っているものをお客様が手に入れることが簡単になればなるほど、あなたの力は増大し、より多くのお金を稼げることになるのだ。

あなたの提供する価値が単純な笑顔だったら、その笑顔を見せてもらうことがどのくらい簡単になっているか。

簡単にすれば、お金の女神があなたにも微笑《ほほえ》んでくれるに違いない。

最も取引しやすい業者に、
最も簡単に買い物できる店に、
最も使いやすいウェブサイトになろう！

ステップ16：測定

大富豪のバランスシート

第一のルール：資産と負債の区別を知り、資産を購入しなければならない。大金持ちになりたければ、知らなければならないのは、これだけである。それは第一のルール。それは唯一のルール。

ロバート・キヨサキ及びシャロン・レクター
『金持ち父さん貧乏父さん』

資産家

日本語では昔から大金持ちのことを「**資産家**」と呼んでいる。これはとても知恵のある考えといえる。

あなたの財産は得られている収入ではなくて、持っている資産にあるからである。

実際のところ、大きな収入を得ていながらも、金銭的に苦心している人が多い。

この人たちは、貧乏というほかない。

しかし、負債を持たず大きな資産を持っている人については、同じことがいえない。彼らは裕福であるのだ。

多くの資産を持って、負債が少なければ、あなたは裕福である。

大富豪のバランスシート

ここで最も大切な二つの**財務諸表**を紹介し、それが大金持ちになるプロセスとどのような関わりを持っているのかを紹介させていただきたいと思う。

最初のひとつは、**バランスシート（貸借対照表）**である。英語でBalance Sheetと書くので、その頭文字を取って、通常B／Sと呼ばれる。

このバランスシートが自分の持っている資産と負債の関係を示す。

その中身を見てみることにしよう。

資産とは、自分の持っているもので価値があるものをいう。家、車、銀行預金などがそれに当たる。

その一方、**負債**とは、自分の抱えている借金などである。これには、住宅ローンや未払い税金などが含まれる。

資産から負債を差し引くことで、自分の**純資産**を計算できる。これは自分の金銭的成功の度合いを把握する上で最も大切な数字になる。

資産 ー 負債 ＝ 純資産

このバランスシートあるいは貸借対照表は、最も大切な財務諸表であるにもかかわらず、作成している個人はごく少数なのである。

今すぐ一枚の紙を取り出し、自分自身の保有している資産を書き出してみよう。その評価額については、今売りに出したらいくらもらえるかという考え方で記入することが妥当である。

次は自分の抱えている負債（借金など）を書き出してみる。今年分の未払い税金も忘れないようにしよう。

そして、資産から負債の額を差し引き、自分の今の純資産を打ち出してみることにしよう。

スコアを把握することなく、お金のゲームに勝つことは難しい相談であるのだ。

大金持ちはバランスシートを持っている！

大金持ちというのは、このバランスシートを大事にする。そして彼らのバランスシートは、おそらくあなたのそれとはやや違っていることだろう。

その違いは、資産と負債の量だけでなく、その質に気を配るという点にある。**質の高い資産**というのは、時間の経過に従って価値が増えていくものである。

・成長している都会の外れに土地を保有していれば、毎年その価値は増加することだろう。

・成長する企業の株式を持っていれば、時間が経てば経つほど、その価格は上昇するはずである。

・安全な銀行に預金していれば、そのお金に利息が付き、増えていくはずだ。

もうひとつ、質の高い資産の特徴は、収入を生み出すということだ。

・賃貸用のマンションなどを持っていれば、それを借りる住人から毎月家賃の支払いを受けるだろう。

・何台ものタクシーを持っていれば、毎日運転手たちからの賃貸料をもらうことだろうし、またさまざまな企業から毎月広告の掲載料をもらうことになるだろう。

質の高い資産は、毎年価値が増える、または収入を生み出してくれるものである。

その一方、**質の低い資産**というのは、時間の経過に従って、減額する習性がある。

自分用の新車を買ってしまえば、最初の一日で約30%、その価値をなくすことだろう。

自分の家にある家具は毎日価値をなくしていく。

時計やジュエリーの値段が上がることは稀で、価値を保管する上で優れているとはいえない。

ブランド物の洋服などは、店から持って帰るその日のうちに価値のほとんどがなくなる。

有名画家の作品は、時間の経過に沿って、大きくその値段を上げることはあるが、いざというときに現金化することは難しく、大概その分野の専門家に任せた方が賢明だろう。

また、質の低い資産は、高額な維持費用を伴うことが多く、大きな家や高級なスポーツカーなどがその分かりやすい例である。

質の低い資産は、毎年価値が下がる、または大きな維持費がかかる。

大金持ちというのは、質の高い資産を取得する。

お金に苦労する人というのは、自分の収入を質の低い資産に浪費し、また社会的ステータスを表すシンボルを購入したがる。

負債についても、同様なことがいえる。

バランスシートに**質の悪い負債**を保有していない限りは、破産に追い込まれることは不可能である。

そして個人が保有する最も悪い負債は、**未払い税金**である。

税金を最初に支払うようにしよう。

現在、多くの国で、自己破産宣告を出しても、それまでの税金が免除されることはない。

税務当局は自宅を没収し、前触れもなく銀行口座の全額を差し押さえ、そしてあなたを一文無しの状態にする権力を持っている。

そのリスクを冒してはならない。

次に質の悪い負債は、**高利貸し**など、悪評者からの借金である。

このような所からお金を借りてはならない。

その道の先に待っているのは、悲しみばかりである。


消費者クレジットも質の悪い負債になる。

あまりにも多くの人が、最新のおもちゃやブランド品を手に入れるために、十数パーセントあるいはそれを上回るような金利負担を背負っている。

大富豪への道は、金利を支払うのではなく、それを受け取るところにあるのだ。


裕福になるのは、金利を払うのではなく、それを受け取るようにするからである。


今すぐ、自分のバランスシートにある資産と負債を見つめてみることにしよう。

資産の大半が常に増額しているだろうか。

資産から大きな収入を得られているだろうか。

それとも、毎日価値を失っているだろうか。

流入と流出

二つ目の大切な財務諸表は、**損益計算書**である。英語でProfit and Loss Statementと書くので、その頭文字を取って、通常P／Lと呼ぶようにしている。

損益計算書は、**収入**と**経費**の関係を表している。

自分の収入から生活などの経費を差し引けば、**純収入**になる。また、企業の場合は、これを**利益**という。

収入
− 経費 （税金を含む）
＝ 純収入 （利益）

純収入が、必ず総収入の10％を上回るようにすべきである。

もしそういうふうになっていなければ、たぶん自分の経費を真剣に見直す時期なのだろう。

もし必要であれば、自分と家族の生存に直接に必要なもの以外はすべて取り止めにする。

どういうことがあっても、この数字はマイナスになってはならない。

富は**お金のスピード**からくる。お金の入ってくるスピードと出ていくスピードの差なのである。

お金の出ていくスピードを抑え、それ以上のスピードでお金を作り出すようにしていれば、いずれは大金持ちになる。

お金の入ってくるスピードは出ていくスピードよりも速くなければならない。

毎月、自分のバランスシートを更新し、そしてその月の損益計算書を作成するように強くお勧めしたい。

どのような資産を新たに入手しているだろうか。

手放した資産があるのか。

資産の現存価値はどうなっているか。

負債をどの程度減らすことができたのか。

どのようにして、負債の質を改善し、そのリスクや支払い利息などを減少させることができるだろうか。

ステップ17：改善

お金持ちの毎月すること

生産性は何よりも心の状態である。今あるものを常に改善しようとする態度である。昨日より今日、今日より明日うまくできるという確信であるのだ。

欧州生産性機構のローマ宣言

永遠に続く旅路

改善は無限である。我々はいつでも成長し、さらなる進歩を遂げることができる。昨日より今日、今日より明日うまくできる。

自分のビジョンをさらに明確にすることができる。基準を引き上げることができる。商品やサービスを改善できる。営業トークをさらに磨ける。会社をもっと能率よく運営できる。

これをするためには、**永遠なる改善の原則**に対して決意をしなければならない。

また、促進の原則を実施し、自分自身と出会うすべての人たちの成長と改善を望むようにしなければならないのである。

生産性と改善は何よりも心の状態である。すべての側面において改善したいという心から流れ出るものである。

しかし、心の状態であるだけでなく、改善はプロセスでもあるのだ。

常に改善を図り、成長し続ける個人や組織は、改善のプロセスを構築し、自らの活動を振り返る時間を取っているからこそ、それができるのだ。

ソクラテスは次のように言った。

「見つめられていない人生は、送る価値なし」

すべての改善の裏にある原動力は、質の高い**フィードバック**である。

お客様の声に耳を貸さない企業は、崩壊する。

伴侶の声に耳を貸さない夫または妻は、関係の決裂を経験する。

生物学が教えてくれる偉大な教訓は、環境からのフィードバックを大事にしない生物は、絶滅に追い込まれるということだ。

富を入手することに成功する人たちは、ひとつのフィードバックのプロセスを実践している。それは**賢者の助言に耳を傾ける**ということである。

あるとき、自動車の大事業家ヘンリー・フォードは裁判所に立たされ、攻撃心に燃える弁護士と対決することになった。

その弁護士は、フォードが自動車工業の専門知識は多少持っていても、所詮教育のない無知な者であるということをアピールしようとしていた。そして、そのために一般知識や史実に関する質問を矢継ぎ早に投げかけて、フォードを困らそうとしていた。

その詰問に飽き飽きしたフォードはやがて、次のように返答した。

「あなたのしているようなくだらない質問に対して返事をしたいという気持ちがあったら、事務所の机の上にある一列の電気ボタンを押す。質問の内容に合わせてボタンを選んで押せば、自分の関わる事業に対してどのような質問にでも答えてくれる専門家たちがすぐ事務所に飛んできてくれる。あなたにお訊きしたいのだが、自分の必要とするあらゆる知識を提供してくれる人たちが周りにいるのに、なぜこのような一般知識を頭の中に詰め込む必要があるのだろうか」

当時の世界で最も富を持っている資産家であったにもかかわらず、ヘンリー・フォードは自分の知識や能力を過信することはなかった。自分のビジネスに対して最も有能な人たちの助言をひたすら求め続けたのである。

聖書の詩編に次の言葉が書き記されている。

「助言のない所で、民が滅びる。助言の多さに安全がある。愚か者の道は、自分の目において正しい。しかし、助言に耳を傾けるものは賢明である」

これこそ、偉大な富を入手し、それを保ち続ける人たちの道なのだ。

裕福な人は、賢明な助言に耳を貸す。

多くの人が億万長者になってから、そのお金をなくす。

事実、高額の宝くじに当たった人の中には、ものの数年間で個人破産宣告を出すという例もある。

この人たちは、価値創造によって富を手に入れる知恵もなければ、賢者の助言を求めることにより、お金持ちであり続ける知恵もない。

毎月の会合

『金持ち父さん貧乏父さん』と題する書籍の中で、ロバート・キヨサキは自分の金持ち父さんが**毎月行なっていたプロセス**を紹介している。

毎月、金持ち父さんは弁護士、公認会計士、不動産鑑定士、その他の**アドバイザーたちと一緒に座り**、彼らの助言と導きを求めた。

これは賢明なプロセスであり、あなたにもお勧めしたい。

毎月、あるいはどんなに遅くても四半期毎に、自分のアドバイザーたちを集合させる。個人的な貸借対照表や、ビジネスの損益計算書を見せる。自分の作り出している価値を説明し、その価値を受け入れてもらえるように使用しているマーケティングとセールスのプロセスも説明する。仕事に対する気持ちや、会社の成長に対する夢も語る。

その後に、彼らの助言を求める。そして何よりも大切なことは、その助言に基づいて行動する謙虚さを持っていただきたいということだ。

今苦心しているのであれば、このプロセスで裕福になれるだろう。

今裕福になっているのであれば、このプロセスでさらなる富を手に入れることになるだろう。

そして、もっと肝心なことに、このいとも簡単なプロセスを実践することにより、すでに取得している財産を保ち続けることができるようになるだろう。

自分のお金に関する大切な意思決定がすべて、この**役員会**の支持を得られるようにする。

車を購入したければ、自分の今の財政状況で車を購入することは賢明かどうかを訊く。

投資を考えているのであれば、アドバイザーたちがその投資に賛同するかどうかを確認する。

お金の大切な意思決定はすべて、アドバイザーたちの了解を得てからせよ！

このアドバイザーたち、**相談役**になってくれる人たちは、お金の使い方に通じている人たちの中から選ぶようにしよう。

お金を払ってやってもらう場合もあるだろう。あるいは、商売とのつながりでやってくれることもあるだろうし（銀行の担当者など）、またびっくりすることに、多くの人たちが友情から、あるいは成功してほしいという純粋な気持ちからこの役割を引き受けてくれるだろう。

会社の**アドバイザリー・ボード**の構築も同じようにできる。大きな成功を収めている多くのビジネスマンが、新規事業の立ち上げに対して助言するように求められると、喜んでそのリクエストに応じてくれる。

多くの賢者が、わずかなお金または無料で相談に乗ってくれる。

先の道を知っていることには、大きな力がある。先に行っている先輩たちがその道の落とし穴をよく知っている。その知恵を借りるようにしよう。

最終的にあなたの幸福は、あなたの成長と進歩にかかっている。成長し、進歩し、より大きな存在に進化していなければ、正常な人間は決して幸せを味わうことはできない。

毎日、その前日よりも改善することを求めよう。
自分自身の改善を求めよう。
自分のビジネスの改善を求めよう。
自分の商品の改善を求めよう。

より豊富な知識を求めよう。

自分自身と周囲の人たちに幸せをもたらす形で、その知識を活用するための知恵を求めよう。

毎日、自分は改善し、より素晴らしい存在になりつつあるということを確信しよう。

これは裕福なあなたへの道である。


あなたは毎日改善している！

ステップ18：加速

即刻億万長者

時間がかかれば、それはまだやり方を知らない証である。

リチャード・バンドラー

特別なプロセス

成功の道を歩む中、時折、特定の知識が必要になるだろう。シェフは料理の仕方を知っておかなければならない。営業マンはセールスの手法を獲得していなければならない。自社製品に関する豊富な知識も持つ必要がある。

ここで、最短距離で特定の知識やスキルを取得する**特別なプロセス**を紹介させていただきたい。

・W・クレメント・ストーンは、このプロセスを使用し、全米随一の保険会社を築き上げ、その結果として、2億7千万ドルを慈善活動に寄付することができた。

・著者の教え子はこのプロセスを活用し始めて、最初の一年間で会社の売上を60億円も増加させ、世界有数の運送会社の社長の座に躍り出た。

このプロセスを使うことにより、数十年間を数日間、数時間、あるいは数分間に縮めることができる。

この特別なプロセスを体得することで、名人たちと同等な芸を身に付けることができる。しかも、それは彼らのかけた年数をかけないでである。

そして、もっと素晴らしいことに、この特別なプロセスは子供にでも理解できるほど簡単で単純なものなのだ。

このプロセスは**モデリング**と呼ばれる。

かいつまんでいえば、モデリングとは、自分の望む結果をすでに得ている人や組織を探し出す。そして、彼らがどのようにしてその結果を出したかを詳細に調査し、同じようにするというものだ。

物理学の法則は普遍的なものである。平等に全員を支配している。従って、他人と同じように、彼らと同じことをすれば、同じ結果が得られるのだ。

同様の原因が必ず同様の結果を惹き付ける。

この法則は普遍であり、否定できないものである。

三日間でプロになる

W・クレメント・ストーンもこのシステムを活用した。それにより、一千名以上の営業マンを抱える保険会社（コンバインド・インシュランス・オブ・アメリカ）を築き上げ、やがて25億ドルで、その会社をエス・リミテッドに売却できた。ここでその物語を語ろう。

ストーンは、高校程度の教育水準に達している人であれば、誰でもたったの三日間で、会社の社長や大富豪に保険を売るやり方を学べると信じていた。

それを証明するために、ストーンはモデリングの手法を導入し、すべての新入社員に対してこれを実施した。

新規採用される営業マンは、ストーンと一緒に営業に出かける。会社の社長や富裕層の顧客の事務所の前にたどり着いたとき、ストーンは一瞬止まる。そして、新しく営業を学ぼうとする若者に向かって説明をする。

「私はこれから、このエグゼクティブに保険を売ります。注意深く私のやることすべてを見て、そして注意深く私の言う言葉を聞いてください」

そう言ってからその見込み顧客の事務所に入り、案の定ストーンが注文を取る。

その事務所を去るとき、ストーンはその新人に尋ねる。

「何を見て、何を聞きましたか」

そして、その人は自分の観察したものを答える。そこでストーンは言う。

「よろしい。その通りです。しかし、見落としている点がひとつあります」

そこで、自分のやっていることで、保険を売る上で重要なことをもうひとつ指摘してあげる。

「次の商談では、この一点を特に注意して見ていてほしい」

それから次の見込み顧客を訪問し、そのプロセスを繰り返す。毎回、ひとつずつ新しいポイントを指摘して、次の商談でそれをまた注意深く見てもらうようにする。

三日目の最後になり、二人は見込み顧客になっている経営者の事務所のドアの外に立つ。ストーンはその営業マンの目を見て、言う。

「今回は、あなたが売ります。この三日間、私がやって来た通りのことをすればいいのです」

この至って単純なプロセスを忠実に実行することにより、ストーンはこれといった教育を持っていない男女を保険営業の分野で成功させたのである。

60億円の改善

もうひとつの実例を見てみることにしよう。

私の生徒のひとりは、結果を加速させ、特定の知識を取得するこの特別なプロセスを学んだ。彼が当時働いていた会社で、ほかの手法ではうまくいかない所で、この手法で成功できるかどうかを試してみることにした。

セミナーから会社に戻り、会社の各部署を訪問し、ひとつの質問をした。

「この部署で最も素晴らしい結果を出している人は誰ですか」

それから、最も優秀とされている従業員たちと面談し、どのようにしてそのような素晴らしい成果を出しているかを、つぶさに聞いた。

最も有能な営業マンがお客様を訪問するとき、どのようなトークを繰り広げているか、どのように見込み顧客を見つけているか、どのようなフォローをかけているかを尋ねるようにした。

業務部のマネージャーたちが、どのようにしてコスト削減を図っているかを訊いた。

最も能率のいい会計士がどのように毎日の業務に取り組んでいるかを調べた。

そして、そのインタビューの結果を踏まえて、残りの従業員に同じアプローチの導入を促した。

一年間で60億円も売上を増加させ、同時にコスト削減に成功したのである。

時間を圧縮させる

自分の専門分野、会社、業界で最も成功している人たちをモデリングし始めよう。彼らのやっている基礎をマスターした上で、自分の独自の工夫を加えていけばいいだろう。想像力を発揮し、同じ仕事をさらによくする方法を探すのだ。

この手法は、広範にわたって適用できる。セールス、料理、スポーツ、学校、ホテルの運用、従業員に対するリーダーシップなど、応用範囲に限度はない。大切なポイントをすべて観察できるほど、自分の**五感の感度**を働かせば、成功は確実であり、そしてほかのどのような手法よりも能率がいい。

最初の一回でうまくいかず、成功の上で必要な点を見落としていても、さしたる問題ではない。W・クレメント・ストーンが新規従業員に対してやったように、もう一度このプロセスを実施し、再観察をすればいい。

富、成功、幸福への道を押し進むとき、今まで持っている時間の概念をすべて放棄する必要があるだろう。

ほとんどの人は、成功する企業を築くためには、あるいは言語を学ぶためには、または歌がうまくなるためには、ある決まった年数が必要だという固定概念を深く植え付けられている。

あるいは、このようなことができるかどうかは、生まれ持った才能次第だと思い込んでいる。

しかし、これは事実でない。

平凡な能力を持つ人を、数日間で成功する営業マンとして教育できる。

音楽の経験を持っていない人も、数時間で歌の書き方を覚えることができる。

1千億円以上の価値を持つ企業を、二年足らずで築き上げることができる。

モルモン教会は、宣教師訓練プログラムを通して、平凡な若い男女がたったの二か月間で外国語を取得できるということを証明している。

ここで自問自答してほしい。

どのようにして、時間を圧縮できるだろうか。

継続的に自分のマインドに対して投げかける質問の答えは必ず得られる。

・どのようにして、一年間の仕事を一か月に縮めることができるだろうか。
・どのようにして、一か月の仕事を一週間に縮めることができるだろうか。
・どのようにして、一週間が一日になるだろうか。
・どのようにして、一日は一時間になるのか。

成功するために、時間の概念をシフトさせなければならない。

1億円を今晩まで！

ここで質問してみよう。1億円の財産を新しく築き上げるために、果たしてどのくらいの時間を要するだろうか。

セミナー会場で次の質問を何回も投げかけている。

「一年以内に1億円の財産を築き上げていなければ、自分自身と愛する家族全員の命と幸福がなくなるということが分かっていたら、1億円の財産を必ず築き上げることができるだろうか」

1億円の財産を築けなかったら、この地球は破滅すると想像してみてください。する方法は見つかるだろうか。

もちろん見つけるのだ!

それができる方法を知っている、あるいは意識しているという意味ではない。ただ、十分に大きな動機付けができていれば、必ずそれを成し遂げる道を探し出すということである。

さてと、基準を引き上げてみよう。

それをするために六か月しかなかったら、どうなるだろうか。それでも、実現は可能だろうか。

もちろん可能である。

では、一か月しかなかったらどうか。それでも可能だろうか。

唸《うな》り出す人が多くなるだろう。

じゃ、一週間しかなかったら?

んんん…。

さて、今晩までしか時間がなかったら、どうするだろうか。
自分のマインドをストレッチしてみていただきたい。時間はそこ以外には存在しないからである。

このすべてが可能だということを想像し始めてほしい。
東京からロスまで旅するためにどのくらいの時間が必要だろうか。
旅客機で、九時間くらいを要するだろう。
じゃ、百年前はどのくらいの時間がかかっただろうか。
その旅は、二週間から四週間がかかったことだろう。
千年前は？
一生涯かかってもできなかったはずである。
しかし、九時間もかかる必要があるだろうか。
F18の戦闘機に乗れば、三時間程度で済む。
そして、スペースシャトルでは、十八分間である！

方法は必ずある。それを探し出せばいいのだ。

資源についても同じことがいえよう。

世界のどこかに、あなたの夢を実現させるために必要なお金、知識、資材、エネルギー、その他の資源がすべて存在している。

その一方、あなたは何の資源も持っていないかもしれない。

大切なのは、その資源を探し出す**資力**を持つことなのだ！

あなたの目標と望みを実現させるために、世界の豊かな資源のすべてに、いつでもアクセスできるということに気付くことだ。また、いつでも「普遍の物質」からさらなる資源を作り出すことができるということを理解しておいてもらいたい。

そうすれば自分の成功を百倍、否、千倍も加速させることができるはずである。

以前に述べた「特定の方法」を活用し、その資源を探しに出かけるようにすれば、その資源はあなたの前に姿を現してくれるに違いない。

この無限の資力という一原則を理解しておけば、あなたはすでに億万長者だといえる。今の銀行残高がどのようになっていても。

富は銀行残高にあるのではなく、資源にアクセスする力にある。

ある青年が、施設に住む子供たち百人をディズニーランドに連れて行くことで、社会に貢献したいと考えた。

問題はといえば、お金を持っていなかったということだ。

しかし、無限の資力の原則を活用する人にとっては、お金の欠如は問題などではない。

彼は周囲の人たちひとりひとりに話を持ちかけ、次のように提案した。

「子供ひとりが、一日、ディズニーランドで楽しむ費用をスポンサーしてもらえませんでしょうか」

たったの一か月間で、必要な資金が集まり、その上、冬用の服装や教育の備品を購入するお金が20万円も余ったのである。

第4章

人生の法則

~お金持ちの生き方~

ステップ19：保護

一度お金持ちなら、ずっとお金持ち

お金を持っている人が、経験を持っている人に出会えば、お金を持っている人は経験を持つようになり、経験を持っている人は、お金を持つようになる。

作者不明

持ち続ける

ほとんどの人は、人生の間に大金を作る。しかし、それを持ち続けることができる人は稀《まれ》である。

継続的な価値を持たないものに自分のお金を浪費することは簡単である。

自分のお金を奪いたい不正直な人たちに騙《だま》されることも簡単である。

賢明でない投資の落とし穴に陥ることも簡単である。

自分が行なう活動の税務上の扱いをないがしろにし、不必要な租税公課や罰金を支払う羽目になることも簡単である。

家族の人たちの泣き面に情が移り、自分の幸運を浪費させることも簡単である。お金を保護することは、作ることと比較すれば退屈で地味なものなのだろう。しかし、金銭的に豊かな人生を送りたいと思うのであれば、作ることと同じくらい大切にしなければならない。

1ドルを節約することは、1ドルを稼ぐことだ。
そして、最初から稼ぐよりも簡単である。

金喰いワニを殺す

浪費できないだけのお金は存在しない。そして、自分のお金を喰いつぶす**金喰いワニ**が至る所に待ち伏せている。

今、あなたのお金はどこに消えて行っているのだろうか。

あなたの現金を喰いつぶしているものは何か。

あなたのお金は、身になる使い方ができているだろうか。
それとも、何とはなく金喰いワニに喰われているのだろうか。

・私の知り合いの男性は、二十年間にわたり自分の家族の全財産を、テナントの入らない持ちビルに注ぎ込み続けた。固定資産税を払わなければならない。地元の子供たちの落書きによる汚損の修理がある。いつも、何かの問題がある。にもかかわらず、家賃収入はゼロのままであった。
この男性のキャッシュフローを少しでも分析すれば、お金のすべてがこのビルに消え失せてしまい、リターンがないということが判明するだろう。一、二年経てば、それはいい投資でないということに気付くはずである。即売却し、次に移るべきだった。

・別の知人は、さまざまな発明の特許に膨大なお金を注ぎ込んでいた。しかし、またもそれから発生する収入はなかった。

資産保護の原則（自分の使用するお金のすべてが収入の増大または幸せな思い出をもたらしてくれるはずだという原則）を学んで、この男性はその特許をすべて放棄した。

その代わり、彼は顧客から手数料を受け取るビジネスを構築し、数年間で裕福に退職できるほどの富を築き上げた。

ある人は、ブランド品や車の買い替えにお金を浪費している。

私は三十五歳になるまで車を購入することはなかった。車に使用したであろうお金はすべて自分のビジネスに投入し、その結果、最初の百万ドルを儲《もう》けた。

あなたについても、同じことがいえるだろう。

金喰いワニをすぐ殺すようにしよう。そうすれば、いったん稼いだお金が財布の中に残り、あなたの満足と将来の収入の元になってくれるに違いない。

使うお金のすべてが、幸せな思い出または将来の収入につながるべきである。

家族への対応はいかに？

悲しい事実ではあるが、あなたの資産に対する最大の脅威が家族からくるものだろう。

著者は今まで何千人の人たちに次の質問をしてきた。

「今まで、家族にお金を貸し、そのお金が利息を付けて期限通りに返ってきたことがあるだろうか」

未だに「イエス」と答えた人はひとりもいない。

明確に述べておきたい。

家族や親友に対してお金を貸してはならない。

絶対にしないようにしてください。

銀行など、お金の使い方に精通している第三者がその人に融資をしないのであれば、それには、理由があるはずである。

貸したお金はあなたの元には返ってこないし、その家族の役に立つこともないだろう。

・いつでも、自分の家族に食事をさせてください。
・いつでも、彼らのために住む場所を提供してあげてください。
・いつでも、彼らが成長できるように、その教育費を援助してあげてください。
・いつでも、彼らが相応の医療が受けられるようにしてあげてください。
・しかし、彼らにお金を与えてはならない。

稼いでいないお金は、相手の身のためにはならない。

自分の家族を助け、彼らを守る正しい方法は、自分自身が豊かになり、その資産を保護し、家族全員のために住む場所、食べる食料、自分で裕福になるために必要な知識が得られるようにしてあげることである。

家族の福利を支える。無責任な出費を支えない。

甘い話、暗い道

時折、非良心的な人たちがあなたのお金を盗もうとすることがあるだろう。そこで助言しておきたい。よすぎるように聞こえる話が出た瞬間「**詐欺**」と書かれた大きな赤いスタンプを取り出し、そのスタンプを押し、その場を去る。

「リスクのない投資」があると言う人がいれば、どうするだろうか。自分の赤い「**詐欺**」のスタンプを押し、その場を去る。そのようなものは存在し得ないのである。

この簡単な原則を理解することは、あなたにとって大きなお金の節約になるだろう。「リスクがない」投資は存在しない。存在し得ない。存在したことがない。これからも存在しない。そして、万が一にも存在するようになった場合、相手はあなたの所に、それを運んでは来ない。自分のために取っておくはずである。ある人があなたの所にやって来て、言う。

「年間35％の利息を支払う。投資すればいいだけの話だ。リスクはない」

リスクがないのは本当だろう。あなたのお金があなたの元に返ってくるリスクがないのである。その人たちがあなたのお金を奪い、蒸発するまでである。

「リスクがない」＝誰かがあなたのお金を盗もうとしている。

デューデリジェンス（書類の徹底的なチェック）を行なうようにしよう。

誰かがあなたの所へやって来て、言う。

「投資してほしいものがあるが……」

あなたは答える。

「目論見書《もくろみしょ》を見せてください」

その人はまた言う。

「これは特別な案件だから目論見書はない」

赤いスタンプを取り出すときだ。これは詐欺だ。その場を去る。

お金を管理するプロであれば、そのお金はどのような条件で投資されるかを綿密に説明する目論見書を見たいと思うはずである。

どのような条件でお金が返却されるかを確認せずに、人にお金を渡してしまえば、そのお金は返却されないと思っていい。

相手からそのお金を返す目当てがあるかどうかの説明をしてもらわずに、人にお金を渡してしまえば、そのお金は返されないだろう。

金銭的に儲かる機会に出会うとき、まず自分の欲望をぐーんと抑える必要がある。本当に機会があるかどうかを確認するまでは、「この機会が欲しい」と舞い上がってはならない。

機会が本物でなければ、最初から機会などはなかったのである。

どのような条件でお金が返済され、
どうして相手はそれができるのかを
理解しておかなければならない。

一緒に仕事している人たちを知っておくようにしよう。金銭的な取引をする前に、相手のことを徹底的に調べておくようにしよう。紹介状などを取り、紹介者に実際に連絡をする。身上調査もする。グーグルで調べるだけで済まそうとしない。潔癖な評判と潔癖な実績を持っている人たちと取引をする。

と同時に、人は豹変《ひょうへん》することがあるということを知っておく必要がある。

経理部で働く人間は正直者だと確信しているかもしれない。しかし、その人の生活に大きな変化が生じた場合、どうなるだろうか。離婚騒動になったり、麻薬中毒になったり、ギャンブルに溺れて大きな借金を抱えたらどうなるだろうか。

お金を保護するためのシステムを確立しておこう。

会社の銀行口座からお金を下ろすためには、二つの印鑑が必要になるように設定する。あるいは口座を分けて、ひとりの人間がアクセスできる金額を制限する。

「信頼してほしい」などと言ってくる人に用心せよ。

昔、ジャングルブックというアニメの映画があったが、その中で蛇が木の枝をずるずる這《は》っているシーンがあった。枝の先端に小鳥が座っている。蛇はその小鳥を見ながら歌っている。

「信頼してくれ、信頼してくれ」

「信頼してほしい」という人がいたら、蛇だと思って、早足で逃げよう。「信頼してくれ」を口にする必要があれば、信頼するに足るものではないだろう。信頼は頼んで、もらうものではなく、行動と実績で勝ち取るものであるのだ。

信頼を頼む者は、信頼される資格なし。

どのような取引であっても、疑問を持っていれば、お金の扱い方に精通している第三者と相談しておこう。公認会計士、弁護士、ファイナンシャルアドバイザーがいい相談相手になってくれるに違いない。

税務当局

「人生で確実なものは、死と税金だけである」という諺《ことわざ》がある。

富を持ち始めれば、必ず税務当局がやって来て、その一部を取ろうとする。税法の規定に従うことは、絶対にしなければならない。税法の規定に違反し、絶大なる権力を持っている税務当局の反感を買うリスクは絶対に取ってはならない。

もう一度言おう。本当に裕福になりたければ、税法の規定に厳密に従わなければならない。

しかし、そうは言うものの、所得税を課する国に生活していれば、大いに役立つ三つの**節税の原則**がある。

これらの原則を理解することで、法律を厳守しながら、税負担を最低限のレベルに抑えることができるはずである。

原則1 常にビジネスを行なう

節税の第一の原則は**常にビジネスを行なう**ようにすることである。

人が税務上のトラブルを抱えるのは、往々にしてビジネスを行なっている実態がないのに、偽って経費を申告するときなどである。

しかし、積極的にビジネスを行なっていれば、それにかかる経費は損金算入できるはずだ。

・スカイダイビングに行けば、写真を撮り、会社のホームページなどに利用する。そうすれば、この活動は、広告宣伝のロケ費用になる。

・私の友人は、ロールスロイスを所有したいという願望があった。その車を経費にするために、どうしたのだろうか。高級外車のレンタルビジネスを開始したのである。

・もうひとりの知人は、セミナー・教育ビジネスを開始し、セミナーを自分のリビングルームで開催することにした。そうすることにより自宅の面積を通常の規定より多く経費算入することが認められた。

常にビジネスを行なうようにしよう。

原則2　綿密な記録を作る

税務の世界では、**綿密な記録**に勝るものはない。

知人と一緒に外食すれば、食事をしながらビジネスをするようにしよう。注文を依頼する。紹介を依頼する。開発中の商品についての改善案や意見を求める。

そして、勘定を済ますときになったら、領収書を手に取り、その上に誰と食事したのか、またどのようなビジネスの話をしたのかを記入する。

それほど単純なことである。

税務監査が入るとき、監査官が訊《き》くだろう。

「この接待費は何？」

そして、あなたは答える。

「さあ、分かりません。そこの領収書を見せてください。ああ、これですね。スミスさんと一緒に食事をし、新しい住宅清掃ビジネスの顧客紹介を依頼しました。同じ会社で働くブラウンさんがそのようなサービスが必要なのかもしれないと言ってくれたので、今売り込んでいるところです」

正当なビジネスが行なわれたかどうかの疑問は、まず残らないだろう。

原則3　事前相談

節税の三番目の原則は最も大切なものだといえる。新しい活動を行なうとき、また今までと違う形の取引をするとき、そのような取引に精通している税理士と**事前に相談すること**である。

取引が終わってから相談することは、ほとんど意味がない。単純だと思っている取引もそうではないことが多い。

税法は常識に反することがしばしばである。

その現状を把握し、正しい対処の仕方を指導し、税負担を最低限のレベルに抑えることは、税理士の仕事である。

賢明なる投資家

資産保護で最後に語りたいことは、投資についてである。

裕福になるにつれて将来の利益を期待し、お金を投資する機会に遭遇することが多くなる。

しかし、出会う投資案件の多くが自分には相応《ふさわ》しくないものだろう。

現代の金融業は複雑極まりない多くの商品を作り出し、その条件やリスクが弁護士によってすら理解されていない。

このような商品を避けるべきである。

そのほとんどが、幾重もの手数料を含み、投資家のために資産を作り出すという約束を果たすことは稀である。

実際のところ、こういう商品の多くは最後に投資した金額の全額損失に終わる。

ウォーレン・バフェットは、このような商品を金融業界の大量破壊兵器と呼んでいる。

それらに目を向けないようにしよう。

お金の科学を理解する本当のお金持ちとして、あなたは継続的な価値を持つ資産を取得しようとしている。

あなたは投資ジャングルにおけるウサギである。ライオン、虎、豹、ハイエナなど、ウサギを狩るすべての金融業の営業マンを避けるようにしよう。

その代わりに、あなたは自分の投資ポートフォリオに**実物**を入れるようにする。

・あなたは、素晴らしい商品と大きなキャッシュフローを持つ、成功している企業の株を買う。

・あなたは金、石油、銅、材木を買う。あるいは、これらを大量に保有する会社の株を買う。

・あなたは、価値ある土地や建物を買う。

つまり、あなたは実体のある投資をするのだ。

自分の理解できないものに絶対投資してはならない。

素晴らしい投資は難しい用語を使わなくても簡単に理解できるはずだ。

・成長する大都会の外れに位置する土地は分かりやすい。
・質の高い住居が不足している地域での賃貸アパートは分かりやすい。
・自分が感心する商品を売り出している素晴らしい会社の株は分かりやすい。
・地下に眠る石油や、地上にある大きな森を保有する会社の株は分かりやすい。

証券会社や銀行の担当者は多くの情報を提供してくれるだろう。しかし、アドバイザーたちと相談の上、自分の投資の意思決定は必ず自分で行なうようにすべきである。

正しい投資は何かを知っている人であれば、その人が証券会社の営業担当で終わるわけがない。

実物に近づけば近づくほど、ゲームは公平になる。

あなたは、株、債券、不動産、コモディティー（商品）を買うとき、ウォール街の最大の実力者と同等な条件で購入できる。

いや、そのような実力者は興味を示すだけで価格が高騰するので、投資をする上では、あなたの方が有利とさえいえる。

自分の理解できる、永続的価値を持つものにのみ投資をする。

投資日記の役割

自分の投資すべてを記録しておくようにしよう。

購入するとき、自分の**投資日記**に記入し、なぜその取引をしたのかをメモしておこう。

売却するとき、なぜ売ったのか、そして利益または損失がどのくらいだったのかも記録する。

そして、そのトレードから何を学んだのかも書き留めておこう。

取引ひとつひとつからその教えてくれる教訓を学び、時間が経つにつれて、より有能な投資家になりたいものだ。

これは至って簡単な習慣であるが、ほとんどの人はしない。

だからこそ、あなたに強くお勧めしたいのである。


有能な投資家になる秘訣《ひけつ》は、ひとつひとつの投資から学ぶことである。

より多く儲けるために、より少ない投資をする

取引の回数を減らし、勝ちを増やす。逆説的に聞こえるだろうが、ほとんどの投資のプロの特徴なのだろう。

取引を頻繁に行なうということは、手数料を多く支払うということだ。

証券会社などは、**デイトレード**（日計り商い）をする投機家が大好きである。事実、私の知人でこのような人たちを証券会社に紹介するだけで、大金持ちになった人がいる。その人たちの支払う手数料の一部をコミッションとして受け取るだけで、東南アジアでホテルを買収し、若くして引退することができたのである！

しかし、プロの投資家というのは、そんなに頻繁に確信できる案件が見つからないものだ。

一年に一件や二件素晴らしい投資案件を見つければ、あなたは千億長者になり、数年間で退職できるに違いない。

お金持ちになるためには、素晴らしい投資は一件だけで足りる。

逃がした魚は小さい

最後に一言忠告しておこう。逃がした魚を嘆かないことだ。

「取引しない」ことを後悔してはならない。

取引しなかったことは、まだお金を持っているということだ。そして、それはいいことに違いない。いつでも素晴らしい投資案件は、金融マーケットや不動産市場を泳ぎ回っているのである。

毎年、世界に素晴らしい投資案件はいくつも現れる。そして、あなたはそれを見つけることができるのだ。

世界は機会だらけである。

ステップ20：快楽

お金を最大限に楽しむ

ジョナサンは困惑した。鳥は自由であり、少しでも練習をすれば自分でもそれが実証できるということを説得することは、何でこれほどまでに難しいのだろう。

リチャード・バック
『かもめのジョナサン』

常日頃、富を楽しむようにしよう

富を取得し始めれば、それを楽しむことも大事である。

現代の科学では、人間の脳は**快楽**を得るように配線されていることが証明されている。

自分の富を楽しむようにしなければ、無意識が富を得ようとする努力をサボり始めることだろう。

その一方で、常日頃自分の富を楽しむようにしていれば、生活における快楽をもたらすものとして、**無意識**が富を作るのに必要な行動を**習慣**として定着させてくれるだろう。

脳に、裕福になるプロセスを楽しむようにプログラミングしなければならない。

無借金で

自分のお金を楽しむ最初の鍵は、借金を避けることである。

借りたお金で購入するものは、継続的な喜びをもたらしてくれない。

今は、全世界が彷徨《さまよ》ってしまい、借金をお金というふうにみてしまっている。

政府も、借金を基本的な財源として使うようになっている。

マネーサプライそのものも、中央銀行が他の銀行にお金を貸すことによって、何もないところから作られてしまっている。

だからこそ、現代の経済がこれほどに不安定なものになっている。

借りたお金を使用することで、一時的に経済成長と繁栄の錯覚を起こすことはできる。しかし、その実体は、価値を作り出し、それを提供することによってしか得られない。

自分の収入の範囲内で生活するようにしよう。否、自分の収入で楽にできる範囲内で生活するようにしよう。

給与をもらう度に、利益の出る取引を完了する度に、その中から最低限10%を自分の将来の安定、生活保護、さらなる繁栄のために取っておくようにする。

『バビロンの大富豪』という名作の中で、ジョージ・サミュエル・クレイソンは次のように勧告している。

「まず自分自身に支払うようにせよ」

借金を返す前に、新しい服を購入する前に、外食したり、バカンスを取ったりする前に、まず所得の10%を将来のさらなる収入を生み出す元金として取っておくのである。

こういうふうに取っておいたお金が、新たな収入を生み出し、四六時中あなたのために働いてくれる。

このお金は銀行に預金され、株式・土地・商品などに投資され、あなたに安心感と安定の気持ちを与えてくれるだろう。

この土台を持つことで、ここまで語ってきたすべてのステップがより容易にできるようになるだろう。

この常に成長する資本金を持って、成功する人生はそれだけ想像しやすくなるはずである。

あなたは深い睡眠を取り、リフレッシュした気持ちで朝を迎え、その日にしなければならない作業に取り組む。

過去を後悔せず、将来を案じることなく、今という瞬間を生きることができる。

そして、残りのお金は思いに任せて使用することができる。本当の意味で、自分のものになっているからである。

最低限、自分の収入の10%を貯金し、将来の安定、安心、繁盛のために取っておく。

価値を求めて

お金を使用するとき、1円1円に対して、最大限の価値を求めるようにすべきである。

これをするために、自分の**価値観**を理解する必要がある。つまり、あなたにとって、どんなものに価値があるのかを把握し、自分にとって継続的な価値をもたらすものに自分のお金を使うということだ。

あるとき、アンソニー・ロビンズは、私に向かって次のように言った。

「お金で幸福は買えないと思っているのであれば、それは買い物の場所を知らないからである」

どこで何を買えば、あなたにとって最も大きな幸せになるかを探し出すようにしよう。

お金の五つの動機付け

この旅に出かける今、世界中の最も裕福な人たちが共有しているお金を得る五つの動機付けを紹介しておきたい。

動機付け１　お金持ちであれば、「ノー」と言える！

お金を得る最初の動機は「ノー」と言えるようになることである。

お金があれば、やりたくないことに対して「ノー」は言いやすい。

あなたはまったくお金を持っていないと仮定しておこう。そこで、あなたの上司がやって来て、不道徳な行動を取るように要求したとする。

「ノー」がまったく言えないと言っているのではもちろんない。ただ、言いづらいのだ。家族のことが心配だ。圧力を大きく感じるだろう。

今度は、あなたが億万長者であると想像しよう。そして、上司が不道徳な行動を取るように勧める。どのように答えるだろうか。

あなたは笑って言うだろう。

「ご冗談を！」

本当に裕福な人の最大の特徴は、しなければならないものは何もない、ということなのである。本当にしたいこと、大きく周囲の人々や社会に貢献すると思うものだけに自分の時間を集中させることができる。

金銭的に、精神的に余裕を持つということは、選ぶ自由があるということだ！

動機付け2 お金持ちであれば、「イエス」と言える。

お金を得る次の動機付けは「イエス」と言えるようになることである。

お金を持つことは、人生における多くの素晴らしいものに対して「イエス」が言えるということだ。

友だちから電話がかかってきて、言われる。

「今ハワイで、皆で目標設定をやっている。最高に楽しいけど、来ない？」

あなたは一瞬だけ考えて答える。

「いいですね。すぐに出発します」

お金があれば、簡単な選択なのである。

お金がなくても、行く方法は考えられるはずである。しかし、それだけ難しい側面が出てくるということだ。

お金によって、選択の自由が得られる。言語の中の最も基礎的で有用な言葉二つが言えるようになるのだ。「ノー」と「イエス」である。

これ以外にも、お金が欲しいと思うもっと一般的な理由もある。そこで、お金を得る三つ目の動機付けを紹介することにしよう。

動機付け3　お金持ちであれば、自分を支えてくれる快適な環境を確保できる！

お金を得る三つ目の動機付けは、自分の成功と幸福をサポートしてくれる快適な環境を確保することである。

私は一年の半分を旅することで過ごしている。

今年（単行本刊行当時）は、シンガポール、日本、アメリカ、ドイツ、フランス、モナコ、スイスに行っている。そして、今年はまだ半分しか終わっていない！

従って、容易に想像はできると思うが、宿泊するホテルの質が生活の質に大きな影響を与える。

質の悪いホテル＝質の悪い生活。
狭苦しい飛行機の座席＝質の悪い生活。
美味しくないレストランの食事＝質の悪い生活。

しかし、十分な金銭的資源を作り上げていれば、自分自身と愛する人たちのために快適な環境を確保し、最高のパフォーマンスを作り出す土台を手に入れることができる。

それは住む家の質なのかもしれない。
仕事の空間なのかもしれない。
座る椅子の質なのかもしれない。
一日中ジムでトレーニングをした後、マッサージが得られるということかもしれない。

いずれにせよ、我々は骨肉の身体を持つ物質的世界に住む生き物なので、その物質的環境は大事であり、我々の業績や生活の質に響く。そしてこれは、お金で簡単に解決できる問題なのである。

しかし、人生は快適な環境を確保するだけではない。

そこで、四番目の動機付けが登場してくる。

動機付け4　お金持ちであれば、質の高い経験を買うことができる！

ほとんどの人たちは、大金が手に入ればいろいろな物が購入できると考える。

しかしこれは貧乏人の持つ発想であり、このようなマインドを持つ人は、いくらお金が手に入っても、貧乏のままだろう。

その理由は簡単だ。

「物」であなたは満たされることはない、ということだ。

ロールスロイスに乗ることはできるだろう。

それで満たされはしない。

九百平米の豪邸に住むことはできるだろう。

それで満たされはしない。勘違いしないでほしい。もちろん私も皆さんと同じように、よい車と広い家が好きなのだ。

しかし、最終的にそのような物で満たされることはない。

なぜだろうか。

なぜなら、物は最後まであなたの外にあるからである。

それよりもお金を**「教育と経験を得る手段」**としてみてほしい。

知識・成長・経験は、深いレベルであなたを満たすことができる。それは、あなたの一部になるからだ。

この世界を去っても、一緒に持って行ける。そして、どのような状況になったとしても、誰もあなたからそれを奪うことはできない。

これこそ、錆《さび》が付かない、泥棒が盗めない富を貯めるということだろう。

質の高い経験が、質の高い人生を生み出す。

単純で明快なことである。

ここまで述べてきた四つの動機付けは、達成しやすいものなのだろう。

個人的な自由を経験し、快適な環境を確保し、個人としてこの世界が提供してくれるものを思う存分に楽しむためには、さほどのお金を必要としないからである。

しかし、途方もない大金持ちになる理由は何だろうか。

そこで、お金持ちになる五つ目の動機付けを紹介しておこう。

動機付け5　お金持ちであれば、ほかの人を助けることができる！

お金持ちになる最後の動機は、ほかの人を助けることである。

「大きなお金は要らない」と言う人に出会うとき、いつも思うことは「この人はケチだ」ということである。気付いていなくても、その人は自らのことしか視野に入れていないのだろう。

大きな財産を求めないということは、わがままな自己中心的な思いから流れ出る考えであることが多い。

その人が、多くの物を必要としないということは十分理解できるし、リスペクトもする。

しかし、他人が持つ悩みに目を向けて、世界の抱える多くの問題を視野に入れておけば、どうなるだろう？　その解決の一部でも担うために大きな財産があればとても便利だ、ということに気が付くはずである。

アフリカでは、マラリアを予防するための蚊屋は1ドルで確保できる。世界の多くの場所で、人は一日1ドルで腹いっぱいの飯が食べられる。子供の視力を回復するための手術は、25ドル程度である。

人を助ける方法は無限にある。そうしたいという望みとビジョンさえ持っていれば……。

お金を得る究極の動機付けは、そのお金を人に差し上げることなのだ！

お金は価値創造によって、存在するようになる。

そして自分自身の才能を発揮し、自分の本当の可能性を発見していれば、溢《あふ》れんばかりの価値を作り出すことができる。

そうすることで、あなたは巨大な富を入手するようになるだろう。

私たちが、気付かないうちに大金持ちになっていることもある。もう一度思い出してみよう。世界の多くが一日１ドルで生活している。

できる限り多くの価値を創造しよう。

できる限り裕福になろう。

そして、できる限り多く人に与えよう。

そうすれば、驚くべき大きな人生を送ることになるだろう。

ステップ21：寛大

与えるとき

蓄積することを止めて、賢明に配布するというはるかに難しくかつ有意義な作業に着手することに決めた。

アンドリュー・カーネギー

与えても消えることはない

お金を与える手の開き具合は、お金を受け入れる手の開き具合と同じある。

ほとんどの人が、手を握り締めていることだろう。人生をゼロ・サム・ゲームと捉える。与えるものはすべて消えてしまい、なくなるものだと考える。彼らは「皆に分け与えるだけのものはない」という**欠乏マインド**を持っている。

しかし、実際のところ、与えても消えることはない。

与えても、与えても、自分の所に返ってきてしまう。

そして、最も素晴らしいことに与えると倍増するのだ！

気前のよさ、寛大さを示していけば、富は洪水の如くあなたの手元に流れ込んでくることを発見するだろう。

レストランで、食事の帰り際、最後の1円まで、誰がいくら支払えばいいのかを計算している人をよく見かけるが、彼らのことを案じるばかりである。このような人たちは、将来豊かになる希望なし。

なぜならば、彼らの心はすでに乏しくなっているからである。


お金を与える手の開き具合は、お金を受け入れる手の開き具合でもある。

人生の鏡

与えるものはすべて自分に返ってくる。ただし、自分の与えた方向と違う方向から返ってくることが多い。

年月が経ってから、返ってくるかもしれない。まったく違う人や経験を通して返ってくるかもしれない。しかし、必ず返ってくる。

自分は鏡に囲まれていると想像してみよう。この鏡は円形になっている。あなたがエネルギー、ギフト、お金、親切を発信する。あるいは、毒、憎しみ、ゴシップ、わがままを発信する。

発信するものはすべて、その鏡に映る。しかし鏡は円いから、そのイメージは何度も跳ね返ってから、いずれは自分の所に必ず戻ってくる。

そして、返ってくるだけでなく、倍増されて返ってくるのだ。

与えるものは、倍増するのである！


与えるもの、それは何であれ、倍増して自分の所に返ってくる。

これは**豊かさマインド**の原点である。そして豊かさマインドが、開かれた心、与える心の原点である。
豊かさの状態を経験していれば、与えることによりそのギフトが倍増するということを意識している。十分、否、余りがあるということを知っている。

豊かさの状態で生活している人にとっては、世界は親切で豊かな場所である。

一方、卑しい、わがままな**欠乏状態**で生活し、自分のギフトを出し惜しむ人にとっては、世界は暗黒に満ちた恐ろしい場所に見える。

またもや**「収穫の法則」**である。蒔《ま》くものを必ず刈り穫《と》るのだ。

種の喩《たと》え

あなたが百個の種を持っているとしよう。それはあなたの種である。分け与えれば、自分は持てなくなると心配している。

食べる物がないので、種を食べる。

人生は厳しい。皆に十分な物はない。

あなたは欠乏状態で生活している。


同じように、あなたは百個の種を持っているとしよう。しかし、豊かな気持ちを持っている。自分の与えるものは倍増されることを知っている。

信仰を持って種を風に投げる。それらが必ず自分の元に返ってくることを知っている。

ある種はやせた土地に落ちて、なくなる。また別の種は、鳥に食われる。実際のところ、百個のうち九十九個の種が何の根も降ろさない。

否定的な人たちは、すべてがなくなったことを嘆く。

「人は信頼できないよ」

「恩は仇《あだ》で返される」

彼らは、あなたの耳にありとあらゆる毒を注ぎ込む。

しかし、それでもあなたは豊かである。「収穫の法則」が支配するのだ。

種の一個だけが根を降ろす。そこからリンゴの木が芽生える。この木は毎年百個のリンゴを生み出す。

あなたは種ではなく、リンゴを食べる。

周囲の人たちが驚嘆する。

「彼女は運がいいだけだよ」

「我々は種しかないのに、なぜあの人はリンゴなんか食えるのか」

しかし、自分の住んでいる世界は、自分の心の豊かさの影に過ぎない。

鏡を見たとき、そこに映る自分の姿が気に入らなければ、それは鏡は問題ではないのだ。


百個のリンゴ、それぞれの中に十個ずつの種がある。

あなたは千の種を風に投げる。

翌春、新しいリンゴの木十本があなたの果樹園に現れる。

あなたは千個のリンゴを持つ。

隣人にもリンゴを与える。

さらに木を植える。

数年間で、コミュニティー全員があなたの収穫で宴を催す。

あなたは豊かなコミュニティーに生活している。

あなたは何千もの木を持ち、何百万個のリンゴを持ち、数え切れないほどの種を持っている。

誰でも豊かなコミュニティーを構築することができる。

種ではなくて、リンゴを食べよう。

月と太陽

ほとんどの人は、月のようである。受ける光を反射するだけである。彼らは言う。「ほかの人が先にくれれば、私も与えてやろう」

少しの光を受けるから、その少しの光を世界に照らす。

別の人は、太陽のようである。

彼らは、与えるためにもらう必要はない。

自分の心の中に核爆発が起きている。彼らが自然のひとつの力になっている。宇宙の隅々まで自分の光を照らしている。

あなたも自分の光を、宇宙の隅々まで照らすことができるはずである。

世界中の太陽たちにとって、与えることは自分の魂の創造的力を表す喜びに過ぎない。

どれほどの光が自分の所に返ってくるかなどは、問題にしていない。

そして、数知れずの世界が彼らを中心として回り、彼らの栄光を浴びる。

あなたは、太陽にも、月にも、ブラックホールにも、何にでもなる道を選ぶことができる。

賢明に選ぶようにしよう。


太陽の如《ごと》く自分の光を輝かせて。


鍵は簡単だ。

与えよう！

奉仕の精神から行動しよう。

大切で有意義な目的に自分の身を捧げよう。

人に会うとき、「この人から何を得られるか」という心ではなく、「この人に何を与え、どのように奉仕できるか」という心で会うようにしよう。

種を風に投げる。

正しい動機で行動をする。

豊かであれ。そうすれば、あなたの周りに友情もチームも芽生えるだろう。

杯が溢れる。

種ではなく、リンゴを食べる。

豊かさを分け与える精神で知られるようになろう。自分の持っているものをすべて差し出す人として知られるようになろう。そうすれば、最も力のある人たちがあなたのチームに入りたがる。

簡単なことである。

そして、最も優れた人たちがあなたのチームに入れば、不可能はなし。

実際のところ、豊かな状態で生活するようにすれば、天地宇宙も後押しをし、あなたの掲げる相応しい目標をすべて叶《かな》えてくれるに違いない。

人を助ける人を、天は助ける。

生きる秘訣

生きる秘訣は与えることである。

与えれば与えるほど、もらうようになる。特に、もらうことを考えずに与えれば、そうなる。

価値を与えれば与えるほど、ブランドが確立し、売上が増える。

愛を与えれば与えるほど、人間関係がよくなり、充実感を得られる。

努力を与えれば与えるほど、達成することが大きくなり、改善の幅が大きい。

そして、そのすべてが、豊かな心を持つことから始まる。


与えれば与えるほど、もらうようになる。

赤い上着とビーバー

昔々大昔、ある所に、三つの真鍮《しんちゅう》のボタンが前に付いている赤い上着を着たビーバーが住んでいました。

彼は、誰にも邪魔されずに冬を越せる家を建てるため、毎日木を伐採していました。

そんなある日、自分が伐採している木にドングリが付いているのに気が付きました。

けれども、ビーバーはあまりドングリが好物ではありませんでした。ビーバーの好物は樹皮なのです。

そこで、ビーバーはそのドングリを近くに住んでいるリスの家に持って行くことにしました。

リスは緑色の山高帽を被って、玄関先に出ました。

「何かご用ですか?」

「このドングリをあなたに差し上げたいと思いましてして……」と、ビーバーが答えました。

リスはとても驚きました。なぜなら、自分の木を倒すビーバーのことを、今まで嫌っていたからでした。

「あらまあ、ありがとうございます。お優しいのですね」とリスは言いました。「これで、私の仕事はとても楽になります。ドングリを手に入れるために、木のてっぺんまで登らなくても済みますもの……」

ビーバーは帰り道に就き、いつもより真鍮のボタンが輝いていました。

それから数日して、ビーバーは新しい帽子が必要になりました。とても素敵な帽子をこしらえることで有名なオオカミの店に出かけました。

「これはビーバー殿、あなたのためなら一番高級な帽子を特別割引で提供させていただきましょう」

「あら、どうしてですか。ここで買い物するのは初めてですが……」

「いや、常連のリス様から、あなたはお付き合いした方がいいビーバーだと伺いましたので」

ビーバーは喜びのあまり、その日の午後に、ダムを造っているときに捕まえた三匹の魚をオオカミの所に届けました。

「特別なサービスをしていただいた上、本当に素敵な帽子を作ってくださったお礼です」

赤い上着の真鍮のボタンが明々と輝きました。

それから三日間経ったときのことです。ビーバーはいつもの仕事をしていました。そして、家を完成させるために、特に大きな丸太一本を池まで引っ張ろうとしていました。

「それ、私にやらせてください」と、近寄ってきた牛が言いました。

「牛さんじゃないですか。いったいなぜ私の仕事を手伝ってくださるのですか。今までお互いにあまり接したことはないのですが」

「いやいや、帽子屋のオオカミさんから、あなたはこの近辺で一番立派なビーバーだと聞きました。以前はオオカミさんに悩まされていましたが、あなたの渡した魚で大喜びしていたらしく、これからは友だちでいましょうねと言ってくれたのです」

真鍮のボタンが太陽のように輝きました。

それからほどなくして、ビーバーの家が完成しました。そして今までよりも、自由な時間を持つようになりました。

彼は素敵な帽子を被り、赤い上着を着て、川の上流・下流を泳ぎ回り、ほかの動物たちを助けました。自分のためにいろいろなことをしてくれるからではなく、そうすることで自分のボタンが輝くからでした。

与えれば与えるほど、私たちも輝くのだ。

自分の光を人の前に輝かし、彼らがあなたのよい行ないを見て天にまします神様に栄光を返すようにしよう。

これこそ、地球における我々の目的だからである。偉大なギフトを差し出し、ほかの人も与える機会が得られるように、彼らのギフトを受け取る。

そして、これは人生の本当の目的ではないにしても、そのような振りをして、皆が行動していたら素晴らしいことなのではないだろうか。

ギフトを与え、ギフトをもらうことが、我々の地球における目的である。

第5章

応用の法則

〜あなたにもできる〜

真の富の五つの原則

偉大な富よりもよい名を、金銀よりも愛を選ぶべきである。
『箴言《しんげん》』

喜びが満ちて

お金の科学を知り、富への道に出発する今、**真の富**を求めることが大切である。自然の偉大な力は、あなたの目的を全面的に支持し、あなたに裕福、幸福、充実を与えたいと願っておられる。

生命は必ず拡張し、より素晴らしいものになろうとする。古代の教典の中で、神は人間を自らの姿に象《かたど》って創ったと教えている。神も、より大きな富、健康、時間、愛、貢献を表現したいと願い、そしてあなたの幸福の中にこそ、創造主の喜びが表現される。

あなたの喜びは、神へのギフトである。

そして、その喜びを満ちたものにするために、あなたの利益になる五つの原則を紹介しよう。

1　健康の原則

健康はすべてではないが、健康がなければ残りのすべてをなくすことになりかねない。

私たちの魂のすべての希望、夢、願望は、肉体を通して実現していく。

身体は神の神殿「宮居《みやい》」と呼ばれる。それは物的世界と交わるとき、私たちの魂が宿る場所だからである。

健康と長寿は最も貴重な富であり、金銀と同様に情熱を持って追求していくべきである。

健康の原則とは、健康は、栄養のある食べ物、運動、そして健全なマインドによって得られるものであるということだ。

健康は栄養のある食べ物を食べ、身体を動かし、プラスの態度によって達成される。

健康は身体の自然の状態であり、簡単に、シンプルに達成できるものである。身体は、毒の摂取、活動の欠如、毒性の思いによって邪魔さえされなければ、自然な状態である健康に向かう。

栄養のある食べ物というのは、自然界が提供してくれたままの食べ物である。清い水、フレッシュな果物、野菜、根菜、草類、魚、海藻、全粒の穀類などがあなたの命の糧となり、健康な身体を支えてくれる。

身体は活発な運動も必要としている。最低限一週間に三、四回ずつ、四十分以上運動すべきである。

そして、何よりも大切なことに、自分の心を清い状態に保つことが必要である。自分の良心に沿って生活するように。自分が正しいと思ったことをするように。すべてのことが自分の望み通りに起こることを確信し、過去を後悔せず、将来を案じることはない。

2　時間の原則

ベンジャミン・フランクリンは次のように述べた。

「人生を愛しているか。愛しているのなら、時間を浪費してはならない。人生は時間によってできているからである」

最終的に自分の入手する富のすべてが、時間を楽しむことに費やされるだけだ。私たちは、欲しい思い出を手に入れるために、自分の一生を捧げる。

そして時間を楽しむことは、時間の原則に沿ってのみできるものである。つまり**時間の原則とは、最も大切なことを行なうことに自分の時間を使用するということである。**

自分の時間は、**反応すること**に費やしているか、**主体的な行動をすること**に費やしているか、どちらかである。無価値なものに対応するか、計り知れない価値を持つ貴重なものを作り出すか、どちらかである。

時間をマスターする秘訣《ひけつ》は、貴重なものを主体的に行なうことに、自分の人生を注ぎ込むことであるのだ。

時間管理の秘訣は、より少ない時間でより多くのことを成し遂げることではない。最も大切なことのみを行なうことである。

毎年の正月、座り込み、自分に次の質問をしてみる。

「今年、自分のビジネスにおいて、たったひとつのことしかできない、そして年末になって振り返り、今年は最高の年だったと思うとすれば、そのたったひとつのことは何でなければならないのだろうか」

そして、さらに一歩進む。

「さらにもうひとつのことができて、そして年末になって振り返るとき、今年は最高に生産性が高く、利益のある、気持ちの充実した年であったと思うとすれば、そのもうひとつのことは何でなければならないだろうか」

この二つだけを行ない、残りのすべてを放っておくようにしよう。

あなたはビジネスの伝説になるに違いない。

私生活についても同じようにしよう。最も大切な二つのことを見つけよう。

その二つのみを行ない、残りを後にする。

あなたは驚くべき人生を送ることになる。

次は、社会貢献の領域について同じことを考える。最も大切な二つのことを見つけよう。

その二つのみを行ない、残りを後にする。

あなたは人類に対して驚くべき貢献をする。


年末になって振り返り、これがあなたの実績だったらどうだろうか。

1　自分の会社ができて以来、最も成功する商品を売り出した。
2　世界で最も能力のある人五名に、自分のチームに入ってもらった。
3　夢の自宅を建設した。
4　理想の伴侶を見つけて、結婚した。
5　施設に住む子供たち百五十人をディズニーランドに連れて行った。

6　自然災害に襲われた地域に緊急の医療チームを送り込んだ。

このような年を三十年間送り続ける。何と素晴らしい人生なのだろう。

政治家についても、同じことがいえよう。

過去五十年間を振り返ってみよう。歴史に名を残した政治家は何人くらいいるだろうか。そして、人類に対する大罪ではなく、人類や自分の国家のために行なったいいことのためにその名を残した人は果たしてどのくらいいるだろうか。

あなたはアメリカ合衆国大統領だと仮定しよう。

四年間の任期を終えて、たった八つのことしかできていない。

1　地球の温暖化を食い止めた。

2　アメリカ人全員が医療を受けられるようにした。

3　誰にでも理解できるように税法を改正した。

4　アメリカ合衆国とイスラムの世界を和解させ、アメリカを全世界に愛される国にした。

5 軍で任務に当たる若い男女が実戦の場に出動しなくても済むようにした。

6 アメリカの若者の肥満の傾向を逆にした。

7 国家予算の赤字をなくし、黒字を生み出した。

8 政党の間の意味のない争いを食い止めて、国の共通のビジョンに集中できるようにした。

立候補しなくても再選するに違いない！

一年に二つの活動は多いようには聞こえないが、これは伝説の元といえる。当時の人々にマハトマ（偉大な魂という意）と呼ばれたガンジーでさえ、結局のところはたったひとつのことしかできなかった。非暴力運動によるイギリスからのインドの独立であった。

より少ないことをする。しかし、有意義なことにする。

アンソニー・ロビンズは次のように表現した。

「ほとんどの人が人生で失敗するのは、小事を大事にしているからである」

まったくの真実だろう。

大事なことを大事にせよ。大きなことをせよ。これは時間の秘訣なのである。

3　人間関係の原則

どんなに大きな金銭的成功があっても、愛する人たちとの関係の失敗を補うことはできない。

家族（その定義はどうあれ）との関係や、人生の友との友情が人生の冠と呼ばれる財産である。

これらの関係は極めて育成しやすいものである。そして関係の失敗は、人間関係の原則を理解していなかった、という失敗に過ぎない。

人間関係の原則は次の通りである。人間関係は、喜びを与えに行く場所である。

人間関係が破壊されるのは、与えるのではなく、そこから何かを得ようと思って接しているからにほかならない。

これは、愛ではなく、**依存状態**なのである。


依存は、愛ではない。与えることは、愛である。


「あなたを必要としている」と「あなたを愛している」とは、何ら関係のない概念なのだ。

ほかの人とのコミュニケーションは、その人を素晴らしい気持ちにする機会として捉えてみてほしい。

相手を素晴らしい気持ちにさせることに集中すれば、人間関係も素晴らしいものになるだろう。

それだけ簡単であり、難しくさせる必要はちっともない。


コミュニケーションの目的は、相手を素晴らしい気持ちにさせることである。

4 貢献の原則

生きる秘訣は、与えることである。

ウインストン・チャーチルは次のように述べた。

「得るものによって生活を立てる。与えるものによって人生を立てる」

富を得る道は、より多く与える道である。

富を得る道は、より大きな存在になる道である。

富を得る道は、より多く貢献する道である。

そして富を得る秘訣は、自分の持っているすべてを人と分かち合うようにすることである。

貢献の原則とは、自分の持っているものすべてを他人の役に立たせるように使うことである。

結局のところは、自分のためにだけ持っているものは、すべて負債となり、蛾《が》が古い生地を蝕《むしば》むように、あなたの現金を喰いつぶすものになるだろう。

自分の持っているものはすべて、他人が利用できるようにしよう。

・自分の時間を他人に提供することで、仕事において報われる。
・自分のアイデアや組織能力を他人に提供することで、ビジネスにおいて報われる。
・自分の持つ資本を他人に提供することで、投資において報われる。
・自分の持つ建物や機械などを他人に提供することで、レンタル収入において報われる。
・自分の考えを他人に提供することで、知的所有権の使用料において報われる。

自分の持っているすべてを、すべての人に提供しよう。

5　名誉の原則

自分の名前は、人生の中で所有する最も貴重な財産である。生まれたときに与えられた。無料でもらっている。しかし、無二の価値を持っている。

奇跡的な機能を発揮する身体は、いずれ塵《ちり》に返る。しかし、名前は永遠に遺る。

名誉の原則は自分の名前を潔癖な状態に保つということである。

自分の名前は無二の価値を持つ財産である。

あなたの名前は何を意味するだろうか。

あなたはどのような人として知られているだろうか。

あなたのどのような行動がその名前の価値を増し、どのような行動がその名前を毀損してきたのだろうか。


人生の始まりでは、自分の名前は傷もなく、潔癖である。

名前は白紙状態である。

そして、その上に書き始める。

取る行動で書く。

人に対する接し方で書く。

話す言葉で書く。
選ぶプロジェクトと接する人たちによって書く。
考える思い、送る人生によって、その名前の本を書き上げる。
よきにせよ、悪《あ》しきにせよ、自分の名前を自分で作るのである。

名前のスピード

どのような名前を築いてきたかによって、人生において物事の進むスピードが決まる。

素晴らしいチーム・プレーで知られていれば、ほかの人はあなたのチームに入りたがる。そして、あなたの手がけるプロジェクトは成功の結末へ向かって、順調に進んでいくことだろう。

わがままで自己中心的な人として知られていれば、他人はあなたのチームを避ける。そして、物事の進み具合が遅くなる。フラストレーションばかりを経験する。プロジェクトを手がける度に新しいチームを探す必要が出てくる。そして、それは自分の評判を知らない人たちの中から集合させなければならない。

決裂した関係が多くなればなるほど、関係が法的泥沼にもはまる。取引において当事者たちを守るための複雑な契約書も必要になる。

すでに築き上げてきた信頼の土台の上に立って物事を進めることの方が、はるかに楽である。

既存の関係は、新規の関係よりもはるかに速く進められる。いい名前は多くのデューデリジェンス（取引する前の調査）の代わりになる。契約の交渉がスムーズに進み、素早く締結される。人生のゲームは勝ち続きになるだろう。

あなたの今の名前で、物事はどのくらい速く進んでくれるだろうか。ほかの人がどのくらいあなたのチームに入りたがるのか。

あなたはどのような評判を頼りにできるのか、あるいは乗り越えなければならないのだろうか。

百万ドルの名前

どのような資源にアクセスできるかが、自分の名前の結果である。

自分の責任をきちんと果たす人として知られていれば、銀行の中に入り、署名だけで何百万ドルのお金にアクセスできる。そう、自分の名前を構成する文字だけで、何百万ドルの資源を手に入れることができるのだ。

フォローが弱く、自分の責任を果たさない者として知られていれば、名前は無価値である。お金を借りるために、その借りるお金以上の価値を持つ抵当の品を提供しなければならない。尊敬される名前を築き上げてきた人に、連帯保証人になってもらう必要が出てくる。

自分の引き受ける責任がどんなに小さなことであっても、それを立派に果たし、自分の名前を価値あるものにせよ。

除外処分

自分の名前に取り返しのつかないダメージを与えることもできる。評判に傷が付いてしまえば、人生の最もエキサイティングで、大きな富が得られるフィールドから除外されることがある。

犯罪歴を持ったり、または詐欺行為に関わることで、世界中の金融界から一生涯追放されることになる。

犯罪歴や反社会のグループと関わることで、世界の多くの美しい国々を訪問するビザが取れなくなる。

いかさまとして知られてしまえば、自分の最も好きなスポーツをすることが禁止されることになる。

文字通り除外され、自分の本来持っているはずの機会と自由を手放してしまう。

持っている名前はひとつである。それはパスポートに記入され、ＩＤカード、クレジットカード、会員証、登録カードなどに記録されている。

自分の名前を潔癖に保つようにしよう。それは自分の自由の根源なのだから。

友と呼ばれて

自分の貴重な名前を育成すれば、最も興味深くまた成功している人たちに紹介される。

一方、頼りない、嘘《うそ》つき、他人を利用するような人として知られてしまえば、そのような紹介はされない。人生の本当の姿を見ることもないし、なぜそうなったのかも分からないままだろう。

自分の友だちにとっていい友だちでいよう。同僚にとって、いい同僚でいよう。そうすれば、扉があなたの前に開き、街の鍵があなたに付与される。

いい友だちであることは、すべての扉を開けてくれる鍵なのである。

ブランドの力

個人についていえることは、企業についてもいえる。会社が持つ最も貴重な資産は、その名前、**ブランド**なのである。

尊敬され、高品質の同意語として知られるブランドは、何十億ドルもの価値を持っている。

そのようなブランドを作り上げるには長い年月がかかるだろう。

しかし、それを破壊させるのは、数分間の仕業である。

批判のされようがない位置を保つ必要がある。

悪評を生み出すことをしている見かけすらあってはいけない。

約束した以上のものを必ず届けるというふうに知られるようにならなければならない。

相手のことを大事にする必要がある。

自分の私利ではなく、お客様の利益、お客様の幸せを求める会社として知られる必要があるのだ。

命の書に記されて

昔の教典では、天国に入る人は、自分の名前が「命の書」に記されているといっている。

来世にまで、名前が付いてくるらしい。

自分の名前を大切にする生き方をしよう。自分の名声を高める、誉れある行為をしよう。

人を助け、奉仕をし、愛を示し、人に与えよう。与えられている人生の最期まで。

そして、去る日がやって来たとき、子孫全員に貴重な名前を遺すのだ。

真の成功は持って行くものではなく、遺すものにある。

億万長者への第一歩

JUST DO IT!　ナイキ

今という瞬間

さて、ここまでくれば、後は行動のみである。すべきことをし、持つべきものを持つときなのだ。すべきことは簡単で明白である。そして、それをすれば、富を入手できるに違いない。

覚えておいてほしい。成功は保証されており、失敗はあり得ないのだ。

1　**選択**：「安心領域」の外に出る。今までは決してしなかったようなことをし始める。スカイダイビングに行く、戸別訪問で営業をする、一番素敵だと思う人をデートに誘う、顧客に対して誰も聞いたことがないような大きな注文を依頼するなどなど。

2　**感謝**：今持っているものすべてに感謝する。それと同時に、将来にわたって持とうとするものについても、すでに持っているもの同様に感謝をする。あなたの日頃の成功と幸福に貢献している人たちに直接感謝を述べる。毎日、少なくても十回、声に出して「ありがとう」を言うようにする。

3　**豊かさ**：「競争マインド」ではなく、「創造マインド」を活用する。富の供給は無限であり、残りのすべての人たちも彼らの欲しいものをもっと手に入れられる形で、あなたは裕福になろうとしていることを覚えよう。

4　**プラスの知性**：裕福になり、またその富を楽しむためには、「プラス知性」の力を活用しなければならない。そうするためには、身体を力強い方法で使い、マイナスの言葉と表現を口にせず、起こることすべてに対してプラスの解釈をするようにする。

5　**ビジョン**：持ちたいと望む富について、明確なビジョンを描く。その富を楽しんでいる自分の姿を想像する。自分の余暇（少なくても一日に一時間）を使い、そのイメージを楽しむことに費やし、あなたの所に来ようとしている富について考える。悪い絵を見たり、マイナスな会話を聞いたり、消極的なニュースの記事を読んだりする誘惑を避ける。

6　**サポート体制**：同じような考え方と志を持つ六、七人のメンバーからなる「公式マスターマインド・グループ」を構築する。可能性を思わせる場所に毎月集合し、お互いが望んでいることをお互いのために望む。「促進の原則」を活用し、出会う人すべてに対して、その人の進歩、成長、成功を望んでいることを示す。常に、自分の環境と調和される周波数を心がける。天地宇宙のすべての力と協力しており、それもあなたと協力してくれているのだ。

7

仕事：毎日、その日のうちにできることをすべてすることにより、来たる富を受け入れる準備をする。積極的に社会に参加をする。常にあなたの前に現れているダイヤモンド畑を認識する。

8

優秀：あなたの富を受け入れるために、「特定の方法」で行動しなければならない。今すぐ行動をする。現在を大切にし、過去も将来も気にしないようにする。ひとつひとつの行動を優秀にこなす。今以上の自分になれば、必然的により高い位置に到達するようになるだろう。毎日、毎瞬間を愛想のいい態度で生きる。そして、自分の受け取る価値をはるかに上回る価値を人に与えるようにする。

9

就職：学ぶことができて、素晴らしい人と一緒に仕事ができて、優秀にできる仕事を探す。自分の身だしなみと言葉を完璧に整える。サービス精神を履修し、ほかの人が嫌がる仕事を快く引き受けるようにする。

10 **想像力**：ほかの人のために価値を生み出す方法を考え始める。あなたは何に不満足を感じているのか。ほかの人は何について不満足を抱いているのか。どのようにしたら、それをもっとうまくできるのか。あなたのできることで、100円、1千円、1万円、10万円の価値があるものは何か。周囲の人たちのために、どのような商品、サービス、情報、経験、感情を提供してあげるのか。肉体的な活動（運動、マッサージ、入浴など）を頻繁にして、降ってくるインスピレーションを書き留めるようにする。

11 **掛け算**：何人のためにこの商品、サービス、情報、経験、感情を提供するかを考える。望む富を入手するためには、どのくらいのスケールでこれを実施しなければならないのだろうか。

12 **セールス**：見込み顧客のリストを作る。毎日、より多くの人に対して自分の提供する価値を受け入れるようにお誘いをする。買う手伝いをするようにする。

13

マーケティング：他人・他社が提供するものとの明確な違いを打ち出す。一文章、十五秒以内にそのメッセージを述べられるまで、その表現方法を磨く。商品名を磨き、魅力的なものにする。お客様が断れなくなるまで、オファーを磨く。あなたの商品、サービス、情報、経験、感情を最も購入してくれる人たちを特定する。提供しようとしている価値に興味を持つ人の数を劇的に増やす方法を探す。

14

テコ効果：あなたの商品、サービス、情報、経験、感情をビジネス・マネー・マシンにする。他人のお金、時間、才能、経験、能力、アイデアなどを活用し、テコにする。固定費を抑え、スピード・フォーカス・営業思考を大事にする。

15

簡素化：お客様がその価値の入手を簡単にできるようにする。その商品に関する情報、顧客の評判の確認、来店、契約手続き、支払い方法など、それぞれのプロセスをできるだけ簡単で快適なものにする。

16 **測定**：個人的な「貸借対照表」、およびあなたのビジネスの「損益計算書」を作成し、少なくても一か月に一回更新する。

17 **改善**：毎月あるいは四半期毎にアドバイザーたちと会合を開き、財務諸表について話し合い、改善方法を考える。

18 **加速**：あなたの活躍する分野において最も成功している人たちのモデリングをする。数十年間を数日間に圧縮する。新たな知識の発見が必ず時間を圧縮させるということを覚えよう。

19 **保護**：今すぐあなたの現金を喰うワニたちをなくそう！　親族や友だちにお金を貸さない(住む場所、食べ物、および教育は提供するが、現金は提供しない)。厳密な記録を残し、新しい活動に着手する前に税理士と相談をする。賢明に投資をする。成功する企業、不動産、人間の日常生活において必要な商品など、継続的な価値を持つもののみに投資をするように。

20

快楽：お金は楽しむためにある。借金を絶対に避ける。将来の繁栄のために必要な金額を貯金した上（少なくても収入の10％以上）、残りについて、人生を最大限に楽しむように使う。1円を使えば、1円に相応の価値を要求する。

21

寛大：寛大さを示す。お金に対して手を開く。種を風に投げて、自分の足跡の中にリンゴの木を遺す。人生の秘訣は与えることであるということを覚えよう。

最後の秘訣

成功する人は、成功しない人の嫌がることを実行に移す習慣を身に付けている。彼らは好きでそれをやるというわけではない。ただその嫌いな気持ちを目的の強さに服従させるのである。

E・M・グレー

このすべてをするために、躾《しつけ》が必要である。

近頃のビジネス界は、もっぱら**実行**の話で持ち切りである。しかし、「実行」は問題ではない。問題は、**実行**のやり方が分からないのではなくて、実行しないのである。そして、「実行」についての本やセミナーをいくら勉強してみても、その問題の解決にはなるまい。

不足しているのは、実行のやり方に関する知識ではなく、**躾**である。

躾がなければ、実行などはあり得ない。

躾がなければ、人は成功を支えるありとあらゆる活動を**引き延ばし**続けるだろう。運動から正しい食生活の確立まで、次の営業電話をかけることから次の商品の開発まで、次の本を執筆することから実際にそれを出版させるための活動を行なうまで、これらはすべて躾の問題であるのだ。

躾がすべての成功の要石《かなめいし》である。にもかかわらず、それに関する文献は皆無に等しい。

躾は軍人や子供だけに必要なもののように語られ、一般人向けに何も説かれていない。

しかし、躾は我々全員にとっての課題であり、成功し、自分の本当の可能性を発揮しようと思えば、必要不可欠である。

誰もが躾を必要としている。

さて、躾とは何だろうか。

簡単にいってしまえば、躾とは、**自分のやると決めたことを実際にやることで**

ある。

それほど単純だ。

朝に運動すると決めていれば、躾とは、朝起きて運動することである。

本を執筆すると決めていれば、自分の尻を椅子にかけて実際に書くことである。

午後三時に会議を開催すると決めていれば、遅滞なく三時にその会議を実際に開くことである。

自分がやると決めたことをきちんとやるという習慣なくして、成功などはあり得ない。

躾とは、事前に決めたことを実際に行なうことである。

そこで、質問だ。

あなたは、自分の決めたことを確実に実行しているだろうか。

自分の決めたことを、決めたときに、決めた方法で実際にやっているだろうか。

ここでもう少ししっかり定義するとすれば、**躾とは、事前に決めたことを、事前に決めた通りに実行し、それに対してフィードバックを受けることである。**

躾は体得できるものであり、そしてその体得方法は、フィードバックを得ることである。そのフィードバック（プラスもマイナスも）こそが、躾のある生活を定着させてくれる。

最終的に、躾はあなたの人格を作り出すことになるだろう。

カベト・ロバートは次のように言っている。

「人格とは、やりたいという衝動が消えたときに残るものである」

人生で成功するために、どのような行動が必要かについて考えてもらいたい。

成功は正しい行動の結果である。

何をしようと決めているだろうか。

普段引き延ばしていることは何か。

正しいことをせず、安易な道を選ぶのは、どういうときだろうか。

躾とは事前に決めたことをやることであるから、「成功に必要な行動は何であるか」をじっくり考えて、初めて身に付くものになる。

あなたが望んでいる成功を手に入れるために、継続的に行なわなければならない三つの行動を打ち出してみよう。

1.

2.

3.

会社や組織についても、同じことがいえる。

最も成功する企業というのは、宗教であるかのように、決めておいたシステムを忠実に実行している。ミーティングは時間通りに開催する。報告書を期限通りに提出する。戦略的計画で決めている行動はきっちりと行なっている。

あなたの組織では、どうだろうか。報告書が提出されなかったり、ミーティングが開催されなかったり、要求された行動がされなかったりしたとき、その結果として何が起こるだろうか。あなたの組織が、そこで事前に決めている行動、報告、ミーティングなどの実行を補強するためにどのようにしているだろうか。

ほとんどの組織は情けないほど躾がない。そして、これは彼らの失敗と芳しくない業績の原因である。

しかし、あなたはもうそのようにはしない。

人生においては、実際にやる人たちが酬《むく》いを受ける。やると決めたことをやる人たちが報われる。つまり、あなたが報われるのだ！

今この瞬間に、何が欲しいのか、どのような行動によってそれを手に入れるのかを決めておいてください。

あなたは何が欲しいのか。

欲しいものを手に入れるために、何をすると決めているのか。

正しいことをすれば、欲しいものがすべて与えられる。

すると決めたことを実際に行なう躾を体得するために、四つのステップがある。

ステップ1　いつ？

何をするのかを明確に決めていれば、次はいつそれをするのかを決めておく必要がある。

躾のできていない人というのは、「時間ができたときにしよう」とか、「できるだけ早くする」とか言って、逃げ回っている。

それに対して、躾ができていて、成功する人というのは、重要な作業はいつするのか、報告書をいつ提出するのか、いつミーティングを開催するのかをきっちりと決めている。

「いつか」を「今！」に変えなければならない。

スケジュールを作り、スケジュールを生きる。

物事の起こる日時を決める。

効果的に躾けられた人は、スケジュールに沿って行動している。

オリンピック・スポーツ選手で、トレーニングのスケジュールを作り、それに沿って生活しないなど、あり得ない。

自分の成功に必要なことを、いつするのか。
（期限のある行動や継続的に行なう行動の双方を考えるといいだろう）

ステップ2　どのように？

何をするのか、いつそれをするのかを決めたら、今度は**どのようなガイドラインに沿ってそれをするのか**を考えておくようにしよう。

単純に聞こえるかもしれないが、実際はもう少し複雑なのである。なぜならば、最も躾のできた人や組織でさえ、現場で起きることに対応する柔軟性を必要としているからである。

従って**「どのように」**という質問になってくると、ある選択を迫られる。ある事柄は、事前に決めた**手順**で実行する必要がある。バリエーションの余地がない。手順に従わなければならない。

別の事柄は一定の**原則**に基づいて行なうべきである。原則さえ守っていれば、具体的にどうするかは、土壇場で個人の判断に任せてもよい。

躾はある選択を必要としている：手順に沿って行なうか、原則に沿って行なうか。

いずれにせよ、効果的に躾けるためには、その「原則」または「手順」を事前に決めておく必要がある。

「原則」とは、人の行動を導くルールである。

「お客様を大事にする」や「誠実な行動を取る」、または「品質を第一にする」がいい例になるだろう。

その一方、「手順」とは、どのような行動をどのような順番で行なうかを綿密に定義する。

「封筒を閉じて、右上に25セントの切手を貼る。それから投函する」という具合に。

原則は、人の能力が高く、刻々と変わる現場の対応が必要なときに活用される。

手順は、自ら意思決定をする能力が乏しい場合、または環境が安定している状況に向いている。

自分の生活において、躾のある行動を取るために、手順が必要な場面にはどのようなものがあるか。

自分の生活において、原則を決めて対応すべき場面には、どのようなものがあるか。

成功するために、あなたが従わなければならない大切な原則は何か。

ステップ3　なぜ？

ここまでは、何をし、いつそれをし、そしてどのようなガイドラインに沿ってそれをするのかを考えてきた。まさに躾そのものだろう。

これからは、その躾をどのように実現するかを考えることにしよう。

効果的な躾を実現するためには、**測定**をし、**適切なフィードバック**を受け、また**酬い**とペナルティーを適用する必要があるだろう。

躾は、測定、フィードバック及び酬いとペナルティーの設定によって実現される。

これは自らの躾のときもそうだし、人に躾を植え付けるときもそうである。

基本的にいえば、人間は**快楽と痛みの原則**に基づいて機能している。正しい行動が報われ、正しくない場合には、相応なペナルティーが設けられることが大前提である。

正しい行動は自尊心に貢献するので、それだけでも相応な酬いだろう。しかし、組織においては、行動が測定され、責任体制が明確になっていなければ、躾が機能することは稀《まれ》だろう。

まず**測定**から始めよう。
測定しないものを改善することは不可能だ。

現在、自分の成績をどのように測定しているだろうか。

どのようにして、その測定を改善できるだろうか。新たに測定すべきものは何か。測定のスピードや精度をどのように高めることができるのか。

次は自ら得るフィードバック及び人に与えるフィードバックを考えよう。

現在、躾のある行動にどのように報いているだろうか。実行しないことに対して、どのようなペナルティーを設けているだろうか。

どのようにしてそれをさらに改善できるだろうか。

ほかのどのステップよりも、ここでは想像力が必要になる。楽しい酬いを考えよう。ペナルティーも楽しいものにしよう。しかし、躾が要求されているということだけは譲ってはならない。

一ステップずつ実行しよう。小さいことから始めよう。小さいことを事前に決めた通りに実行できるようになれば、次は大きいことに挑戦しよう。

ステップ4　外的管理→内的管理

躾の目的は、行動、報告、ミーティングなどを条件付けて、**外からの管理**がなくてもきちんと行なわれるようにすることである。

しかし、**自己管理**ができるようになるためには、ほとんどの人は最初、外の管理を必要としている。

アスリートにコーチが必要なのは、このためだ。

外から始まり、内でできるようになるまで、それが続く。

躾はアウト・サイド・インのアプローチであり、その結果として、自動操縦、イン・サイド・アウトにできるようになるのだ。

今、あなたは、必要な外的管理が得られているだろうか。目標や意思決定を実行するために、自分を引っ張ってくれたり、叱ってくれたり、励ましてくれたりするコーチがいるだろうか。

誰もがコーチやメンターを必要としている。今持っていなければ、付けるようにしよう。

誰もが自分の基準を引き上げてくれるサポート・グループを必要としている。今持っていなければ、作るようにしよう。

偉大さの証

躾は偉大さの証である。成功への道である。

躾とは、事前に決めた行動、報告、ミーティングを、スケジュール通りに、事前に決めた手順や原則に沿って実行することであり、自尊心、測定、酬いとペナルティーによって補強される。自らを律することができるようになるまで、それは外の管理によって定着される。

今、躾のある人生を歩むと決意せよ。小さいステップから始めよう。自分の決めたことを何でも実行できる不屈の精神を育成するようにしよう。

躾があなたの将来の鍵である。

それは富への道におけるすべての扉を開けてくれるに違いない！

躾は、将来への鍵である。

悪魔の一言

悪魔は一語しか知らない。

しかし……

しかし、私は若すぎる。
しかし、私はまだ子供。
しかし、人気者ではない。
しかし、学歴がない。
しかし、経験がない。
しかし、お金がない。
しかし、忙しすぎる。
しかし、きれいじゃない。
しかし、ハンサムじゃない。
しかし、競合が多すぎる。

しかし、ほかの人がすでにやっている。
しかし、上司は合意してくれない。
しかし、景気が悪い。
しかし、難しすぎる。
しかし、年寄りだ。
しかし、遅すぎる。

悪魔に耳を傾けるのを止めなさい。
遅すぎないうちに。

愛を込めて。

ジェームス・スキナー

付録

大富豪の科学

人は、思いの中にものを形付けることができる。

そして、その思いが「無形の物質」に作用を及ぼすことにより、自分の考えるものが現実の世界において作り出される。

これを行なうためには、人は「競争マインド」から「創造マインド」に変わらなければならない。この創造の次元に達するのは、深い感謝を示すことにより「無形の英知」と統一されるときのみである。

人は「持ちたい」「したい」「なりたい」という明確なイメージを心の中に思い描き、そのイメージを抱きながら、自分の望みすべてが叶えられるということを「至高者」に対して感謝しなければならない。

裕福になろうと願う人は、自分のビジョンを熟考し、またそのビジョンの中身が自分に与えられていることを熱心に感謝することに、自分の余暇を費やさなければならない。

創造のエネルギーは既存の工業、商業、社会の構造を通して作用するものである。

従って、揺るぎない信仰を持って、上記の指示に従う人には、自分の心のイメージすべてが確実に与えられる。そして、その望むものは、通常の交易と商業の経路を通して、自分の手元に届けられる。

自分のもらうべきものが自分の手元に届いたとき、それを受け取るためには、毎日その日のうちにできることをすべて実行しなければならない。

その行動のひとつひとつを成功する形で履行し、また、ひとつひとつの取引がさらに生命に貢献するように、自分の受け取る「現金価値」を上回る「利用価値」を人に対して提供しなければならない。

上記の指示を実行に移すすべての男女が必ず裕福になる。そして、その受け取る富は、そのビジョンの明確さ、目的の確実さ、信仰の堅さ、感謝の深さと正比例するものである。

ウォレス・D・ワトルズ
『幸せなお金持ちになる「確実な法則」』
１９１０年

文庫版あとがき

単行本『お金の科学』は二〇一一年に出版され、あっと言う間に十二万部を超えるベストセラーとなりました。中国語にも翻訳出版され、そして図解版も制作され、各方面から大きな反響を得ています。

とても嬉しいことです。

しかし、それらはどうでもいいと言えば、どうでもいいと言えるでしょう。

大切なのは、この『お金の科学』をお読みになった読者の方たちの人生が大きく変わってきているということです。

先日、タイのバンコクで、その何人かとお会いする機会がありました。

元々日本で普通のサラリーマンをしていた日本人で、現在ミャンマーでエアコンの工場を経営している人がいました。

ネット経由で仕事をするようになり、沖縄に引っ越し、自由に生活している人がいました。

初めての本の出版をひかえ、わくわくしながら春の発売日を待っている人もいました。

このような人たちは後を絶ちません。

こうした報告は、私の生き甲斐《がい》になっています。

そして、次はあなたの番です！

どうしたら、あなたはこのような人たちの仲間入りができるのでしょうか？

答えは簡単です。

それは、行動を起こすということです。

この『お金の科学』が示している21のステップを実行に移すということです。

よいイメージを作り、そのための行動を起こし、そして現れる祝福や恵みを実際に受け取るということです。

これは「お金の科学」でもあれば、「人生の科学」でもあります。

実証済みであり、確実なものであり、文化や国を超えたものであり、あなたに羅針盤と地図を与えてくれるものです。

すべてが最初からうまくできる必要はありません。

少しでも行動を起こし始めれば、報われ始めるのです。

この時代ほどわくわくするものはありません。

なぜなら、世界の変化がとても速いからです。

外の世界が速く変わるということは、それだけ新しい機会が現れるということであり、それだけ速くあなた自身の生活が変化するということです。

ひとつの人生の中で、何人分の人生も生きられるということです。

科学のようでもあり、魔法のようでもあり、とにかくすごいことです。

私たちの仲間に入っていただき、あなた自身の生活の変化の報告を聞くことができれば、これ以上の幸せはありません。

そして、一緒にこの幸せの輪を広げることで世界を変えることができるのです。世界が変われば、人生を変える機会がまた生まれます。

『お金の科学』は文庫化されたことで、とても携帯しやすくなっています。携帯しましょう。

そして、何回も読み返しましょう。

気づいたところから実行しましょう。

思いついたことをやってみましょう。

自分自身を信じましょう。
正しい原則を頼りにしましょう。
マスターマインドになってくれる仲間を集めましょう。
そして、近々お会いしましょう。

心からの愛を込めて。

ジェームス・スキナー

『お金の科学』をお読みいただきありがとうございました。

読者の方に2つの特典をご用意しています。

読者特典①

特典映像をプレゼント

文庫版『お金の科学』を読んでいるあなたのために特別なプレゼントを用意しました。

参加費が20万円を超える『お金の科学』ライブセミナーの映像の中から、選りすぐりの映像を無料で差し上げます。

まずは下記のWEBサイトにアクセスしてください。

e.oknk.jp

人間は五感をできるだけ多く使いながら学習することで、より速く、より深く学びを定着させることができます。

「読む」だけではなく、「聴く」「観る」ことで学習は飛躍的に加速します。

映像は全部で5つ。合計45分にわたる映像です。

1. お金の構造と秘密
   お金とはそもそも何か？

   一般には語られることのないお金の秘密に迫ります
2. 無限にお金を手に入れる信念の力
   お金を次々に生み出す人が密かに使用している力を紹介
3. 価値を生み出すチャンス
   お金を生み出すアイデアの5つの形、そしてアイデアを生み出す方法を紹介
4. 小さな経営で大きく稼ぐ2つの方法
   儲かるビジネスをするにはどんなニーズを満たせばいいのか？

   大きく分けて2種類あります
5. スピード時代の4つのカード
   スピードが速い現代における成功の鍵は“トランプ”……

読者特典②

文庫版『お金の科学』をテキストに全2回にわたる電話コーチング

本書をお読みいただいた方を対象に、毎月20名限定で、ジェームス事務所・オフィシャルコーチによる無料の電話コーチングをご提供いたします。(1回40分前後×2回)

こんな方にお勧めです。

＊『お金の科学』の理解度を確認したい方、より深く理解したい方
＊お金を支配するアクションについて、もっと明確にしたい方
＊夢の実現に一歩を踏み出したい方

ご希望の方はWEBサイト **c.oknk.jp** にてお申し込みください。

※本特典のご利用は、おひとり様につき1回のみとなります。
※月の限定数に達した場合には受付を終了いたします。
※弊社の都合によりコーチングを延期又は中止する場合があります。
※アポイント時間、実施時間は目安です。
※何かの効果を保証するものではありません。

有限会社トゥルーノース
ジェームス事務所事業部

本書は、二〇一一年にフォレスト出版より出版された
『お金の科学』の表記、表現などを一部改訂したものです。

サンマーク文庫

お金の科学

2013年12月20日　初 版 発 行
2018年２月20日　第２刷発行

著者　ジェームス・スキナー
発行人　植木宣隆
発行所　株式会社サンマーク出版
東京都新宿区高田馬場2-16-11
電話 03-5272-3166

フォーマットデザイン　重原 隆
本文DTP　有限会社 J-ART
印刷・製本　中央精版印刷株式会社

落丁・乱丁本はお取り替えいたします。
定価はカバーに表示してあります。

ISBN978-4-7631-6036-2 C0130

ホームページ　http://www.sunmark.co.jp